옛 스 님 을 찾 아 서

조선의 고승열전(新)

이희재 지음

신아사

머리말

조선시대는 억불숭유정책으로 불교가 침체되었던 시기이다. 고려시대에 비하자면 형편없이 불교의 위상이 떨어져서 승려들은 도성에 출입할 수도 없게 되었다.

조선의 초기에 태조는 무학대사를 국사로 존경했고, 세종은 한글을 창제하면서 먼저 불경을 번역하는 사업을 했다. 한자 중심의 사회에서 한글을 창제하게 된 동기가 불경을 우리의 언어로 읽는 일에서 시작되었던 것이다. 월인천강지곡(月印千江之曲)이 좋은 실례가 될 것이며 이후로 소위 언해라고 하는 한글번역서가 나온다. 불교의 탄압시대라고 하지만 왕실에서는 국태민안을 위해 이러한 불사를 했다.

침체된 승가의 체면을 유지했던 것은 임진왜란과 병자호란의 국난을 맞이하여 승군들이 활약이다. 서산대사나 사명대사와 같은 출중한 지도자들이 국란을 극복하는 데 크게 기여했다.

조선의 불교는 선종과 교종으로 나뉘어졌지만 정작 사회적으로 지속되었던 것은 죽은 자들을 위로하는 각종의 의식이 왕실에서부터 서민대중에 이르기까지 영향력을 유지했다. 선종과 교종 이외의 정토신앙이 주를 이루었다고 해도 과언이 아닐 것이다.

유교는 기복양재(祈福禳災)의 종교적인 면이 없는 윤리와 정치의 시스템인 데 비해 불교는 개인의 기복신앙은 물론이려니와 왕실과 국가의 기복양재의 신앙으로 불변의 위치를 유지하였다. 이를테면 외적으로 공식적으로 배불을 외치던 유생들이 부모가 돌아가시면 49재를 지내 드린다는 것은 그렇게 이상한 것이 아니었다.

왕실에서도 공식적으로 봉선사나 봉은사 등의 사찰에서 선왕(先王)의 명복을 비는 불교행사를 실시했다. 뿐만 아니라 각지방의 명산과 대찰에 전통사찰이 유지되었고, 불법의 빛은 억불숭유의 억압된 상황에서도 계속 이어졌었다.

조선은 성리학 일변도로 새로운 사상을 흡수하기가 어려워졌다. 이러한 경직된 사상계에 새로운 바람을 일으킨 것은 다양성을 모색하였던 실학사상이라고 할 것이다. 조선후기의 다산 정약용이나 추사 김정희는 바로 불교의 가치를 재조명한 실학자들이라고 할 수 있다. 특히 김정희는 호남지방을 중심으로 한 불교적 논쟁의 중심에 활발히 참여하여 성리학 이외에도 가치있는 학문이 있음을 실천으로 보여주었다.

이 책의 원고들은 광주 불교방송의 "옛 스님을 찾아서"라는 프로그램에서 시작되었다. 글 가운데 계절의 변화를 이야기한 것은 방송원고였기 때문이지만, 그것을 새로 고치지 않았다. 방송 프로그램의 종료 이후에도 필자는 틈나는 대로 조선시대의 고승의 자취를 찾으며 기록해 왔다. 본격적으로 깊은 연구에 미치지는 못하였지만 개략적으로나마 정리해 보았다. 조선시대 불교의 사상적인 면도 논문으로 발표한 것을 부록에 실었다. 이 가운데 열반경의 연구는 최성렬 교수와 더불어 했고, 조선후기의 유불교류에 관한 글은 조윤호 교수와 함께 한 작업이었다. 그리고 정성을 다해 책을 편집한 신아사 편집실 관계자들에게도 감사드린다.

을유년 2017년 정월
이희재 합장

목차

조선초기의 고승

무학 자초(無學大師 自超, 1327-1405)

함허 득통(涵虛 得通, 1376-1433)

도갑사의 수미(守眉)왕사(1420-?)

태조의 스승, 무학無學대사 자초自超의 영아행嬰兒行
(1327-1405)

양주 회암사에는 고려말의 고승 지공과 나옹 그리고 조선초 태조의 스승인 무학의 부도가 나란히 봉안되어 있다. 화려하고 장엄했던 옛모습은 사라졌지만 남아있는 부도에서도 고려말 선초의 고승들의 위상을 짐작할 수 있다. 태조 이성계는 무학대사를 스승으로 삼아 나라의 기틀을 잡고 그 스스로 어려운 시기를 이겨내는 힘으로 삼았다. 회암사는 단순한 사찰이 아니라 이성계가 왕위를 양위한 뒤 머물던 행궁이기도 했다. 회암사의 부도는 무학대사가 병석에 누워있을 때 태조가 미리 만들어 놓을 정도로 왕실의 권위가 표현되어 있다.

변계량에 의해 작성된 비석에는 무학대상의 일생이 표현되어 있는데 거기에는 태조의 스승이면서 동시에 지공과 나옹선상의 의발을 전수받은 선사로 묘사된다. 고려말에 무학은 중국에 가서 지공과 나옹을 만나 인연을 맺고 제자가 되었다. 나옹은 선과 악, 성과 속을 뛰어넘고 세속의 가치를 뛰어넘는 선의 가르침을 무학에게 가르친다. 세상

에서 말하는 풍수지리의 술사로서가 아니라 무학은 수선사(송광사)의 선맥을 계승하는 선사의 면모를 그의 진면목이다. 태조에게 자문할 때의 가치도 자비와 인(仁)의 정치를 하라는 것이었고 그 스스로 사람을 대할 때 부처님을 모시듯 순박하고 겸손했었다. 그는 가식을 싫어했고 항상 순박한 모습으로 살았다고 기록되어 있다.

무학 자초대사의 언어와 행동은 순진한 어린이 같았다고 한다. 그리고 무학의 가르침 역시 '영아행(嬰兒行)'을 최고로 쳤다. 보살의 행동하는 바는 분별의 행동을 떠나 마치 어린이가 하는 것처럼 순진해야 함을 강조했다. 태조를 위한 법회에서도 백성을 갓난아이 돌보듯 보살펴야 백성들의 부모가 될 수 있으며 이것이 다름 아닌 대자비의 행이라고 할 수 있다.

무학대사는 선사임에도 불구하고 신비한 술사로서 세속에 전해졌다. 조선의 건국에서부터 한양으로의 천도하는 과정까지 태조 이성계는 무학대사의 자문을 받았으며 무학대사를 존경했다.

조선왕조의 기강이 무너지던 19세기에 태조와 무학대사의 자취가 남은 회암사는 몰지각한 자에 의해 비가 훼손되고 묘가 들어서는 수모를 당한다. 순조는 왕실에 대한 모독으로 이 들을 벌주고 다시 무학대사의 비를 재건하도록 했다.

지금도 지공, 나옹 그리고 무학으로 이어지는 여말선초(麗末鮮初)의 고승들의 부도가 회암사에 있지만 나옹선사의 사리탑에는 사리가 도굴되어 사라졌다. 그리고 그 사리함과 사리는 멀리 미국의 보스턴박물관에 있다.

조선 건국에 깊이 개입하고 왕실에 큰 영향을 미친 묘엄존자(妙嚴尊者)로서의 무학의 진면목은 선악과 미추를 뛰어넘는 무심법의 선승이며, 이것을 그는 갓난아이나 바보같은 소박하고 순박함을 보살행의 으뜸으로 삼았다. 마음 닦는 이들이 삼가 반성할 점이다.

함허 득통涵虛 得通
(1376-1433)

함허 득통 선사는 고려말에 태어나서 조선초에 활동한 고승이다. 회암사에서 무학대사의 법을 이었다. 그는 촉망받은 성균관의 유생으로 공부하다 친구의 죽음을 경험하면서 인생무상을 절감하고 출가의 길을 걸었다. 흔히 서산대사의 임종게로 알려진 뜬구름은 함허스님의 법문가운데 이미 있었다.

삶은 한조각 뜬구름이 일어나는 것	生也一片浮雲起
죽음은 한조각 뜬구름이 사라지는 것	死也一片浮雲滅
뜬구름 자체가 철저히 비었으니	浮雲自體徹底空
이 몸의 나고 죽음도 마찬가지	幻身生滅亦如然

죽음은 누구에게가 피할 수 없는 생로병사의 과정이다. 확실하기는 하지만 언제 어떻게 올지는 알 수 없다. 출세를 꿈꾸는 성균관 유생이 약관의 나이에 출가를 결심한 것은 그가 직면했던 허무의 경험에서였다.

함허스님은 선승이지만 중요한 불서를 출간했는데 그 가운데 빼놓을 수 없는 것이 '금강경 오가해 설의(金剛經 五家解說誼)' 이다. 때는 1414년 자모산(지금의 황해도 평산군 성분산) 연봉사에서 스스로 함허당이라는 당호를 정하고 정진하면서 세차례 금강경 강의를 하였다.

'현정론(顯正論)'과 '유석질의론(儒釋質疑論)'에서는 유교와 불교가 둘이 아님을 밝혔다. 불살생은 인(仁), 도둑질 하지 않음은 의(義), 음란하지 않음은 예(禮), 술마시지 않음이 지(智)라고 하였다. 불음주를 지(智)라고 한 것은 맑은 정신이 지혜로운 삶과 연결되기 때문이다. 신흥 유교권력이 불교와 유교를 둘로 나누어 배척하려고 할 때 함허스님은 둘이 아닌 점을 저술을 통해 밝혔다. 알고 보면 다르기도 하고 같기도 하지만 당시에는 다른 점을 강조하여 불교를 배척하려고 했기 때문에 유교와 불교가 둘이 아님을 강조했다고 할 수 있다.

함허 스님의 선은 '금강경 오가해'의 해설에서 잘 드러난다. 유교는 임금과 신하, 남자와 여자, 양반과 천민을 구분하는 것을 당연시 한다. 거기에는 평등이란 별 의미가 없다고 할 수 있다. 위 아래가 있는 위계질서의 윤리다. 기독교는 하느님과 인간이 전적으로 다르다. 하느님은 절대자이며 주님이기 때문에 그의 충실한 자녀나 종이 되어야 한다. 때문에 유교와 마찬가지로 엄격한 위계질서가 있다. 불교의 깨달음은 이와는 달리 절대평등의 인간관이다. 내 안에 있는 불성이 갖추어져 있으니 그 것을 갈고 닦아야 한다. 아름다운 보석과 같은 불성이 밖에 있는 것이 아니라 내 안에 있다.

깨달음이란 진리가 지금 여기에 누구에게나 항상 평등하게 있고, 너와 나를 차별하는 어떠한 것도 없다는 점을 인식하는 것이다. 함허스님은 자신의 열반을 이렇게 노래했다.

담연하고 공적하니 본래 한 물건도 없고 湛然空寂 本無一物
신령한 빛이 온 세상을 환히 비춘다. 神靈光赫 洞徹十方
다시 몸과 마음이 있어 생사를 받을리 없으니 更無身心 受彼生死
오고 감에 가고 옴에 마음의 걸림이 없다. 去來往復 也無罣碍
그 자리에서 눈을 뜨니 온세상이 푸른하늘 臨行擧目 十方碧落
무(無)속에 길이 있으니 서방극락이다. 無中有路 西方極樂

도갑사의 수미守眉 왕사
(1420-?)

수미왕사는 조선 세조 때의 고승, 성은 최씨, 호는 묘각(妙覺), 전남 영암 출신으로 13세에 월출산 도갑사로 출가하여 계를 받았다. 20세에 구족계를 받았다. 처음에는 교학에 뜻을 두고 불경을 강하는 곳을 찾아다니다가, 속리산 법주사에서 혜각 신미(慧覺信眉)를 만나 경론을 함께 공부하였다. 두 사람은 계율을 철저히 지키며 열심히 공부하여 이름을 떨치니, 학인들이 '이감로문(二甘露門)'이라 부르며 칭송하였다. 동갑내기인 이들은 「감로문」이라는 책을 함께 짓는 등 평생 도반으로 조선시대 불교를 이끌어 나가게 된다. 그러나 교학과 계율을 공부하는 것이 아무리 훌륭한 인물화를 그려도 생명력이 없는 것과 같음을 깨닫고 참선에 뜻을 두게 되었다. 처음에는 귀곡(龜谷) 각운(覺雲)의 지도를 받았고, 뒤에 벽계(碧溪) 정심(正心)의 문하에서 깨달음을 얻었다.

선종판사가 되어 황폐한 불교를 부흥시키고 종문(宗門)을 정돈하였다. 1457년(세조 3)에 도갑사로 돌아와서 황폐화된 절을 중수하고 약사여래상 3구를 조성하였으며 학승들을 모아 지도하였다. 1458년에는 왕명으로 경차관(敬差官) 윤찬 정은(鄭珢)을 도와 해인사대장경 50부를 인출하였다. 또한 스님은『몽산법어』등을 한글로 번역 출간하는 일에도 힘썼다.

1464년 4월 세조가 전라감사에게 명하여 수미의 불사를 돕도록 했다. "전 선종 판사(禪宗判事) 수미(守眉)는 나의 잠저(潛邸) 때부터 구면(舊面)으로 알고 지내는 사이다. 화려한 것을 싫어하고 조용한 곳을 찾아서 떠난 뒤로 음신(音信)이 서로 끊겼다. 지금 들으니, 도갑사(道岬寺)를 중건(重建)한다고 하는데, 지금 여름철 안거(安居)와 경찬(慶讚)에 자기 스스로 비록 말하지 않는다 하더라도 어찌 부족한 바가 없을까 생각한다. 나의 옛날 아는 사람인 것을 생각하면 더욱 개탄(慨嘆)이 앞선다. 감사(監司)가 나의 뜻을 받아 수시로 마땅히 연화(緣化)를 도와주

라."하였다. 이때 중창했던 기록에 의하면 도갑사의 총 규모가 966간에 소속된 암자가 12개나 되었으며, 상주한 승려수가 730명에 달했다고 한다. 지금도 대웅전 뒤 천여 평의 빈터에는 주춧돌이 선명하게 군데군데 박혀있고, 앞뜰에 5미터에 달하는 마실 물을 담아 두는 석조의 크기가 도갑사의 옛 사세를 말없이 전해주고 있다

세조는 그를 왕사로 책봉하고 묘각(妙覺)이라는 호를 내리면서 가사·유리·구슬·불자(拂子) 등을 하사하였다. 그가 열반에 든 것은 나이 63세, 법랍 51세 때이었다. 부도는 현재 도갑사에 있다. 또한 속리산의 복천암(福泉庵)에 부도가 세워졌고, 1633년(인조 11) 도갑사에 묘각화상비가 건립되었다. 위와 같이 스님의 생몰연대는 정확히 알지 못하나, 15세기 전반에서 후반까지 활동하면서 도갑사를 오늘날과 같은 어엿한 모습으로 발전시킨 주인공이라 할 수 있다.

당시 웅대한 규모의 지원에 의해 도갑사가 중창되는 데는 수미왕사의 역할이 결정적인 것이었으며, 해인사의 팔만대장경을 인쇄하는 일 등의 국가적 사업에 기여한 스님이 바로 수미왕사다. 세조는 조선의 왕 가운데 가장 적극적으로 불교와 승가를 보호했다.

조선중기의 고승

벽송 지엄선사(1464-1534)
실상사의 영허대사(映虛, 1541-1609)
금강산의 경헌대사(1544-1633)
월명암의 청매(靑梅)선사(1548-1623)
봉서사의 진묵대사(1562-1633)
소요대사 태능(逍遙大師 太能) (1562-1649)
화엄사의 중관(中觀)선사(1567-1637)
징광사의 영월(詠月) (1570-1654)대사
지리산의 벽암 각성대사(1575-1660)
백련사의 해운선사(海雲禪師,1580-1646)
취미 수초(守初, 1590-1668)

벽송 지엄선사
(1464-1534)

조선불교의 중흥을 상징하는 서산대사는 부용영관대사를 은사로 하고 부용대사는 바로 벽송 지엄선사를 은사로 하니, 스님이야말로 조선중기에 있어서 불교발전의 상징적 존재라 하겠다. 스님의 법명은 지엄(智嚴), 법호는 야노(野老), 당호는 벽송이다. 속성은 송씨이며 아버지의 이름은 복생(福生)이고 어머니는 왕씨이다. 어머니가 꿈에 인도스님이 예를 올리고 자고 간 뒤 잉태, 조선 세조 10년(1464) 3월 15일 태어났다. 어려서부터 글공부와 칼 쓰기를 좋아하고 특히 병서에 능했다. 성종 22년 (1491)여진족 들이 북방을 침범하고 우리나라의 장수를 살해하자 성종은 도원수 허종(許琮)에게 2만 병력을 파견하여 여진족을 징계하도록 하는데, 바로 이 병력으로 참여한 청년시절의 벽송은 큰 공을 세우기도 했다.

무인의 길이 자신의 길이 아니고, 세상의 속절 없음을 깨닫고 출가를 결심, 계룡산 상초암(上草庵)에 들어가 조징(祖澄)대사에게 머리를 깎고 스님이 되니 28세 때다. 중종 3년(1508)에는 금강산 묘길상암으로 들어가 정진했다. 여기에서 『대혜어록』을 보다가 '개에게는 불성이 없다(狗子無佛性)'는 화두에 의심을 일으켜 정진, 얼마 안 되어 의심덩어리를 타파했다. 또 『고봉어록』을 보다가 '양재지방(颺在他方)'이라는 구절에 이르러 마지막 알음알이를 떨쳐 버린다. 이런 까닭으로 벽송선사는 평생토록 대혜와 고봉의 종풍을 드날린 것이다.

근래 우리나라 조계종의 법맥논쟁에서 보조 지눌과 태고보우를 대립적으로 보고 태고보우야말로 조계종의 적통이라고 주장하는 입장이 있는데, 벽송 선사의 경우 태고보우의 법손이면서도 보조 지눌의 선사상을 계승하고 있는 것을 알 수 있다. 예컨대 보조스님의 원돈신해문(圓頓信解門)은 화엄에 해당되고, 간화경절(看話截門)은 『대혜어록(大慧語錄)』의 구자무불성(狗子無佛性)을 간(看)하여 마지막 남은 지해(知解)를 돈파(頓破)하는 것과 벽송 지엄선사의 교육방식이 일치한다. 오도(悟道)과정이나 초학 제접(初學提接)의 방법에는 지눌의 선사상이 짙게 깔려 있다고 할 수 있다. 이는 스님이 조선 중종대의 법란 속에서 보조선을 부흥하려 했던 것이라 해도 과언이 아닌 것이다.

중종15년(1520) 3월엔 지리산으로 들어가 초암에 머물며 정진을 거듭했다. 여기서 옷을 갈아입지 않고 하루에 한번 먹으며 정진을 거듭하였다. 스님은 엄한 성품이었기 때문에 뭇 스님들이 접근하기 쉽지 않았고 그런 이유로 거만하다는 비난도 받았다고 한다. 게송 50수가 세상에 전해진다.

중종 29년(1534) 겨울, 여러 제자들과 수국암에서 『법화경』을 강설하다가 「방편품」에 이르러 크게 한번 탄식하며 "오늘 노승은 여러분들을 위해 적멸상을 보이고 가리니 여러 분은 밖으로 향해 찾지 말고 더욱 힘쓰라"고 당부했다. 그때가 세속나이 71세, 법랍 44세로 세연(世緣)을 마친다. 명종 15년(1560)여름 벽송 선사의 행장을 지으면서 서산대사는 자신이 벽송선사의 법손(法孫)이라고 썼다.

실상사의 영허映虛 대사
(1541-1609)

영허 대사의 법휘는 해일(海日)이고 영허는 별호이며 당명은 보응당(普應堂)이다. 조선 중종 36년(1541) 사대부가인 전북 김제의 김씨 집안에서 태어났고, 광해군 1년(1609)에 입적하였다. 어머니 홍씨의 꿈에 이인(異人)이 나타나 밝은 구슬을 주면서 잘 간직하라고 한 후 잉태하였다고 한다. 대사는 겨우 여덟살의 나이에 『대학』을 읽어 그 뜻을 이해했으므로 기동(奇童)이라 불리웠다.

15세부터 과거를 보았으나 합격되지 않자 19세에 출가하여 남원의 실상사로 가서 인언(印彦)대사에게 축발하고 5년 동안 시봉하면서 모든 경론을 열람하였다. 그 뒤 지리산으로 가서 당대의 명승 부용 대사에게 참례하고 선교를 두루 섭렵하면서 3년 동안 문하에 있었다. 이어 금강산의 학증 대사와 묘향산의 서산 대사에게 참례하여 8만 대장경의 의혹처를 질의하고 상비로암에서 10년을 주석했다. 49세가 되던 1589년(선조 22년) 실상사로 다시 돌아왔다. 대사는 아름다운 시를 잘 썼던 분이다.

한 줄기 싸늘한 물 맑고도 그윽해	一波寒源淸且幽
산 돌고 들 건너 한가히 흐르네	環山橫野等閑流
출렁출렁 스스로 가야할 곳 알아	涓涓自得朝宗勢
예로부터 지금까지 가고 멈출 줄 모르네	徒古于今逝不休

그가 남긴 54편의 시는 모두 속기를 떠난 그야말로 무심의 경지로 일관되어 있다. 이 시의 제목도 '흐르는 물'이라고 했으니 물을 노래하기 보다는 자신의 마음을 읊었다고 할 수 있다. 물의 흐름은 옛날이나 지금이나 변함이 없다. 스님들의 모습 또한 이러한 물의 흐름과 유사하다. 진리의 세계를 물에 빙하여 읊은 선기가 흐르는 시라 하겠다. 대사는 물처럼 바람처럼 어디에도 집착 없는 초연한 삶을 살고자 했다.

『영허집』은 영허 대사의 제자 법운이 처음 간행하려다 뜻을 이루지 못하고 죽자, 도극(道克), 계언(戒彦), 도혜(道惠) 등이 1635년(인조 13년)에 간행 하였다. 권두에는 1635년 3월 천재산인이 쓴 서문이 있고, 권말에는 같은 해 여름 신파 거사가 쓴 발문이 있다. 부설거사의 이야기를 다룬 신라시대의 『부설전』이 소개되어 있고, 기행문인 『유산록』은 그가 살았던 지리산, 묘향산, 금강산을 감상한 글인데, 글이 매우 세련되고 유창하여 문학적으로 높이 평가되고 있다.

묘향산에서 수행하다가 그는 실상사로 돌아와 항상 『지장본원경』을 독송하였는데, 선과 교에 달통했던 그의 염불신앙은 주로 지장신앙이었다. 이런 풍조는 승가에 이어져서 조선후기 승가에서는 선만도 아니고 교만도 아닌 선수행(禪修行)과 강학이 함께 이루어졌고, 또 염불도 함께 닦았기 때문에 삼문수업(三門修業)이라고 했다.

영허 대사가 실상사로 돌아와서 『지장경』을 얼마나 열심히 독송했는지, 어느 날은 꿈속에서 지장보살을 만나고 그가 지닌 화두의 의심까지 풀리는 경지를 체험하기도 했다. 이러한 깨달음 이후 반승반속의 만행을 닦기도 했는데 이는 모두 정토수행이었다. 다시 실상사로 돌아와 경전을 강의했다. 입적할 즈음에 『지장경』을 독송하고 곁에 있는 대중들에게 '그대들은 모두 무상하고 빠르다는 생각을 가지고 진중하라 진중하라.'라는 말을 남겼다.

금강산의 경헌대사

(1544-1633)

대사의 법명은 경헌(敬軒), 법호는 순명(順命)이고, 제월당은 당호이다. 속성은 조씨(曺氏)이고 장흥에서 태어났다. 아버지 예창과 어머니 이씨 사이에서 조선 중종 39년(1544)에 태어나 91세를 일기로 인조 11년(1633)에 입적하였다. 이미 태어날 때부터 불교와 인연이 있었으며 어린 시절부터 친구들과 놀면서 불사놀이를 해서 신기하게 생각했다고 한다. 10세에 어버이를 여의고 할아버지 밑에서 살다가, 15세에 몰래 출가하여 천관사의 옥주(玉珠) 선사에게서 구족계를 받았다. 천관사에 있을 적에 읍에 있는 군수가 채소를 바치라 하니 다음의 시를 써 보냈다.

"선경의 깊은 곳 한 칸의 암자
원숭이, 학 겸해서 승려 다만 셋일 뿐
꿈에도 일찍이 성문 안에 간 적 없거늘
세상 인연 어찌해서 구름 속 들었는가."

출가하기 이전에 유가의 경전을 이미 섭렵하였고 출가하여 원철(圓哲)대사를 찾았다. 처음에는 지리산에서 뭇 경전을 섭렵하였고, 30세 되던 해 묘향산의 서산대사를 찾아 법맥을 이었다. 그 후 금강산 내원동에 들어가 참선으로 수행에 몰입하였다.

임진왜란이 일어나자, 선조가 좌영장의 직책을 직접 내렸지만 굳이 사양하고 초야로 피했으나, 서산대사가 대사가 초치하니 할 수 없이 승병장이 되어 승군을 이끌고 전공을 세우게 되었다. 그는 전투의 와중에서도 깨끗한 공간을 설치하고 관음기도 등으로 수행을 하는 한편, 왜군을 격퇴하는 데 전력을 기울였다. 서산대사가 조정에 알려 선교양판사의 임무를 맡겼으나 끝내 사양하고 묘향산으로 들어갔으니 그의 뜻은 벼슬과 전투가 아니라 수행이었을 뿐이다. 제자들을 가르칠 때는 『도서(都序)』와 『절요(節要)』로써 지견을 열게 하였고, 『선요(禪要)』와 『서장(書狀)』으로 수행 중에 나타나는 갖가지 병을 제거하게 하였으며, 언제나 삼학을 닦으면서 절조 있고 청정한 생활로 일관했다. 소박한 옷과 거친 음식으로도 90의 나이를 넘었으니 장수의 비결은 이런 청정수행이었을 것이다. 1632년 치악산 영은사로 옮겨 2년을 지내다가 12월 26일에 나이 91세, 법랍 76세로 입적하였다. 임종게는 다음과 같다.

> "진흙소 바다에 들어가니 망연(茫然)히 깊다.
> 삼생을 요달하는 일대사 인연
> 다시 태어나는 일이 무엇인가는 번뇌의 생각
> 재 지내는 집에 와서 옛 책을 구하라."

제자들이 다비한 뒤 사리 3과를 얻어서, 세 곳에 부도를 세웠으니,

하나는 금강산 표훈사의 동쪽 서산대사의 탑묘 옆이고, 하나는 심원사의 동쪽 정광여래의 석종 곁에 있고, 또 하나는 지제산(지금의 천관산) 천관사의 서쪽에 모셨다.

대사는 금강산에서만 30여년을 머물렀고 대체적으로 한가하고 청정한 자세로 자유로운 수선의 길을 걸었다. 여기에서 얻은 바 자유인이었던 그는 어느 곳이나 도량 아닌 곳이 없었으니 그의 행장에서 말한 "모든 산에 노닐어 거처에 일정한 곳이 없었다."라 함이 시에서도 그렇다.

대사의 문집 『제월당집』은 1637년(인조 15) 천관사에서 간행하였다. 권두에는 1635년 제자 홍택(洪澤)이 지은 행적과 찬이 있고, 1637년에 지은 발문이 있다. 이 책은 현재 동국대학교 도서관에 소장되어 있다. 대사는 비록 출가했으면서도 누나와 아버지를 천도재를 지낼 정도로 다정한 분이었고, 고향을 사랑했다. 나이 많은 누나는 어머니처럼 어린 시절 스님을 돌보았던지 그 사연이 애절하다. 그러나 그의 고향은 제월당 경헌대사를 잊은 지 오래이며, 천관사에는 흔적도 없다.

백련사의 해운선사海雲禪師
(1580-1646)

소요 태능의 법을 전해 받은 스님으로서 선조 13년(1580)에 태어나 인조 24년(1646)에 입적했다. 소요대사의 문도는 수백여 명이지만 그 가운데 오직 해운선사만이 종통을 이었다. 해운 즉 바닷 기운이 움직인다는 것은 붕새(鵬)가 남쪽 바다(南溟)로 옮겨 감을 뜻하고 붕새가 날아가는 것은 자유로이 노닒(逍遙)을 의미한다. 스승인 소요라는 이름도 장자에서 유래한 것이다. 소요유편은 장자 특유의 해탈(解脫)사상을 강조한 『남화경』의 백미(白眉)라고 할 수 있다. 소요나 해운이라는 단어는 모두 장가『남화경』의 소요유편에 나타난다. 여기의 붕새는 바다 기운이 움직일 때 남쪽 바다로 옮겨가는 것으로 세속의 잣대를 버린 탈속의 경지를 말하는 것이다.

소요대사는『소요집』에서 해운경열선사를 극찬하고 있다.

"흐르는 별, 터지는 폭죽, 예리한 칼날인 듯
갈라진 바위, 깍아지른 벼랑일레라, 그대의 기상은

죽이고 살리고 자재로운 임금의 보검인가
늠름한 위풍 오호(五湖)에 가득하여라"
또 "쇠몽둥이 그림자에 허공 찢어지매
놀란 진흙 소 해동을 지나누나
밝은 달빛 산호에 어리니
고금의 천지가 한바탕 웃음 속에 있네"

라고 하였으니 흔히 소요의 선이 침굉 현변에게로 교는 해운 경열에게로 갔다고 하지만 이 시를 보면 높은 기상은 "선의 벼리, 교학의 뼈, 그 누가 대적하랴! 중국의 달, 한국의 바람, 독보적이고녀!"라고 하여 단지 교학이 아닌 선사의 면모를 칭찬하고 있다.

19세기의 강진 백련사의 아암 혜장이 언젠가 문중의 옛 기록을 본 적이 있다는데 기록이 내용은 다음과 같다. '청련 원철(靑蓮 圓徹)대사가 대둔사에서 크게 법회를 열었을 때 소요 태능 또한 대둔사에 이르렀다. 해운 경열(海運 敬悅)은 그 해에 태능으로부터 전법의 신표인 의발을 받으니 그때 나이 스물여덟이었으며 예순일곱에 입적하였다.'라고 하면서 다음과 같은 시를 썼다.

"대붕새 남녘으로 날제/ 삼천리 나래로 물을 치며 간다
해운 아니면 뉘라서 저리 노닐건가/ 그의 법 전해지고 전하여져
흐르는 별, 터지는 폭죽처럼/ 드넓은 하늘에 광명이 가득
진리의 등불 여섯 번 켜짐에 / 마침내 정암 /연파에 이르렀네
진리의 가르침을 찾는가 저이들의 글을 보라"

하면서 자신을 해운 경열의 후학으로 정리한다. 대흥사에서 배출한 13

명의 종사와 13명의 강사 가운데 소요 태능계는 강진의 만덕사(강진 백련사)를 중심으로, 편양언기계는 대둔사를 중심으로 그 법맥을 계승하였다. 소요 태능계인 취여 삼우, 화악 문신, 설봉 회정 등은 대둔사의 13대 종사이면서 만덕사의 8대사에도 포함되어 백련사를 또 다시 일으킨 이가 취여대사 삼우(1622-1684)이다. 강진의 만덕산 백련사는 지금은 조계종의 사찰이지만 여기는 고려의 원묘국사가 백련결사를 일으킨 옛 천태 도장이었지만 황폐화되었다가 근대에 이르러 소요 태능의 후학들이 백련사를 빛냈다. 아암의 스승격인 다산 정약용도 해운 경열을 높이 평가한 이유이다. 대흥사의 2대 종사인 취여대사의 호는 해운선사가 자신의 제자에게 장난 삼아 얼굴이 붉은 것이 술 취한 듯하다는 취여자(醉如子)에서 유래했다.

해운 경열선사의 기록이 그의 스승『소요집』에 주로 나타나고, 나머지의 기록은 멸실되다시피 한 것도 그의 선사로서의 면모를 말해 주는 것이리라.

환성지안喚惺志安 선사

(1664~1729)

환성선사는 조선 후기 억불의 암울한 시대에 정법의 등불을 밝혔던 고승으로서 한국 불교사 전개에 있어서 매우 중요한 위치에 있는 인물이다. 그의 삶을 통해 개인의 인격은 물론 그 당시 교단 내외의 사정과 아울러 시대상을 짐작해 볼 수 있다. 환성은 법호요, 지안(志安)은 법명이며, 다른 이름(字)은 삼락(三諾)이다. 속성은 정(鄭)씨로서 현종 5년(1664년) 강원도 춘천에 나서 15세에 출가하고 영조 5년(1729년)에 제주도의 유배지에서 입적하였다. 상봉 정원(霜峯 淨源)에게서 구족계를 받았고, 월담 설제(月潭 雪霽 1632~1704)의 법을 이었다. 환성의 선종 법맥을 살펴보면, 그의 스승 월담 설제는 풍담 의심(楓潭 義諶 1592~1665)에게서 법맥을 받았고, 풍담은 편양 언기(鞭羊 彦機, 1581~1644)에게서 법을 받았으며, 편양은 청허 휴정(淸虛 休靜 1520~1604)의 법을 이었다. 그는 선문의 체험을 화엄교학의 방편을 통해 정법을 효과적으로 선양할 수 있었음과 동시에, 선대의 대표적 인물들인 청허와 부휴계 양대 전통을 아울러 섭수 전승한 선교의 대가였다고 할 수 있다.

스님의 모습은 우람했고 기품이 뛰어났으며 안색이 온화했다. 불경의 연구에도 조예가 깊었고 침식을 잊어 가며 참선하였다. 한 곳에 오래 머물지 않았지만, 가는 곳마다 도반들이 많이 따랐고 수행자들이 모여 들었다. 교리를 말할 때는 간결했지만 그 해박함과 정연한 논리로 듣는 이들에게 감동을 주었고, 선지(禪旨)를 펼 때는 엄정하여 수행자들을 무서운 호랑이처럼 지도해서 당대의 수행 분위기를 주도해 나갔다. 27세 때에는 화엄경 강의로 유명했던 모운 진언(慕雲 震言 1622~1703)이 직지사에서 개설한 법회에 갔었는데, 연상 선배였던 모운은 환성선사의 높은 학덕을 보고 감동되어 탄복하면서, 자신의 자리를 바로 양보했다고 한다. 수 백 명의 학인들에게 새로운 스승에게 잘 배우기를 당부하고 그에게 자리를 물려준 후 조용히 다른 곳으로 떠났다는 일화가 있다.

환성선사가 설법을 할 때의 모습은 마치 도도히 흐르는 강물같이 거침없었으며, 그의 언변은 청중의 심금을 울렸다고 한다. 그의 법회에는 일천명이 넘는 수행자와 대중들이 운집하였다고 한다. 스님은 금강산, 오대산, 태백산, 속리산 등, 강원도와 경상도 및 충청도의 여러 사찰과 아울러 전라도 일대의 크고 작은 여러 명찰들에 다니면서 참선수행과 교학강설 및 중생교화에 온 힘을 기울였다.

그러나 이러한 그의 영향력은 권력자들에게는 두려운 것이었을까. 영조 원년(1725), 환갑이 지난 다음해 봄에 그가 김제 금산사에서 화엄법회를 베풀었는데 1,400여명의 대중이 모였을 정도로 그의 신망과 명성은 절정이었다. 그 법회의 성황은 당시에 드문 일로서 세상의 화제가 되었었고 스님은 경향각지에서 주목을 받게 되었다. 이처럼 일반대중들에게 그의 영향이 컸던 까닭으로 결국은 영조 5년(1729)에 그를 시기하고 두렵게 생각하던 이에 의해 무고를 당하고, 제주도로 유배를 가고 외로운 유배지에서 간지 7일만에 입적하게 된다. 통탄할 일이었다.

환성선사의 맥은 호암 체정(虎巖 體淨 1687~1748)과 함월 해원이 고족으로 법을 이었고, 그들의 훌륭한 직계제자들의 활약 및 설파 상언(雪坡 尙彦 1710~1791)과 연담 유일(蓮潭 有一 1720~1799) 등 문손으로 번창했다. 환성선사의 선교일치의 가풍과 그 유산의 전승이 현대까지도 지속되고 있다. 그의 저술로는 『환성시집』과 『선문오종강요(禪門五宗綱要)』가 전한다.

월명암의 청매靑梅 선사
(1548-1623)

어느새 가을이 왔다. 찜통더위는 흔적도 없고 조석으로 서늘한 바람이 불면 우리는 세월이 고정된 것이 아니라 쉬임없이 변한다는 무상의 진리를 다시 느낄 수 있다.

월명암의 청매선사는 사명대사와 함께 서산대사의 문하에 들어 심인(心印)을 받은 스님이다. 인오는 선사의 법명이고 청매(靑梅)가 그 호이다. 임진왜란이 일어났을 때 선사는 32세로 묘향산에서 서산대사를 모시고 있다가 왕명에 의하여 서산대사가 의병을 모집하게 됨에 선사도 의승병의 장수로서 전란의 진압에 앞장서게 되었다. 의승장이 되어 승병을 거느리고 3년 동안 왜적과 싸워 크게 공을 세웠다. 그러나 불살생계를 깨뜨린 선사는 이런 글을 남겼다.

"살생함은 양친을 위함이요 식록은 나라를 편히 하는 것을 이름이다.
(殺生爲養親 食祿稱安社, 『靑梅集』 '盡忠孝')"

부모를 봉양하고 도탄에 빠진 민족을 구하기 위해서는 어쩔 수 없이 살생도 불사해야 하며, 사직을 지키기 위해서는 강토를 지키지 않을 수 없음을 말하고 있는 듯하다. 아마 스님은 불상생계(不殺生戒)와 전쟁이라는 모순적 상황에서 치열한 자기 고민이 있었다고 보여진다.

청매스님의 관심은 식록에 있는 것이 아니었음은 왜란이 진정되고 논공행상(論功行賞)이 시작되자 스님은 여기에 조금도 개의치 않고 다시 홀로 산으로 돌아갔던 점에서 확인된다. 선승(禪僧)다운 출세간적 풍모를 보여주었던 것이다.

왜란후 변산에 이르러 요차봉(了嵯峯)의 마천대 아래에 월명암을 짓고 주석하였다.『청매집』의 서문을 쓴 월사 이정구 선생이 선사를 만난 것도 이때였다. 이정구는 평범한 유가의 선비가 아니라 17세기 조선시대의 한문사대가(漢文四大家)로 꼽히는 대유가(大儒家)였으며, 특히 고문에 능통한 학자이자 재상을 지낸 인물이다. 이런 이정구가 청매선사와 격의 없이 교류를 가지고 스님에게 마음이 끌렸다는 대목을 보아 스님의 높은 학식과 인품을 짐작할 수 있게 한다.

이 당시 선사는 월명암에서 치열한 수행에 들었다. 주석한 선실의 이름도 청매당(靑梅堂)이라 붙였는데, 이는 매서운 추위 속에 피어나는 매화처럼 깨침을 얻기 위한 인고를 뜻함이었으리라. 선사의 수행의 요체를 염(念), 지(知), 각(覺)으로 보았다.

한시에 능했던 스님은 깨달음의 경지를 재미있게 표현한 십이각시(十二覺時)라는 시가 있다.

> "깨달음은 깨닫는 것도/ 깨닫지 않는 것도 아니니
> 깨달음 자체가 깨달음 없어/ 깨달음을 깨닫는 것이네.
> 깨달음을 깨닫는다는 것은/ 깨달음을 깨닫는 것이 아니니

어찌 홀로 참깨달음이라 이름하리요."
(覺非覺非覺/ 覺無覺覺覺/ 覺覺非覺覺/ 豈獨名眞覺)

무념(無念)이라는 제목의 시도 무심한 선사의 경지를 잘 표현하고 있다.

"만일 생각으로써 생각을 생각한다면/ 생각을 생각하는 것은 참다운 생각이 아니니
참다운 생각으로써 잘못된 생각을 다스리면/ 괴로움 일어나기 전처럼 한 생각도 없다네."
(如以念念念/ 念念非眞念/ 將眞治妄念/ 未苦無一念)

이같은 청매선사의 그 깊은 깨달음의 세계와 표현은 조선시대 선종사에서 찾아보기 쉽지 않은 일이다. 선사의 깨달음은 우리들에게, 마음의 거울이 대상을 분명히 비추되 평정을 잃지 않는 것처럼, 경박하거나 혼침에 떨어지지 않는 법을 제시하고 있다.

월명암에 주석하던 선사는 다시 지리산 연곡사로 들어갔다. 1617년(광해군 9)에는 왕명을 받아 정심·지엄·영관·휴정·선수 등 5대사의 영정을 그려 조사당에 모시고 제문을 지어 봉사하였다.

76세로 입적하자 제자들이 지리산 천왕봉 밑에 선사의 영당을 짓고 영정을 봉안하였다. 청매선사의 제자들을 청매파라고 이름 할 정도로 융성을 이루었으며, 조선 중기 이후의 선종 발전에 크게 이바지 하였으며, 법을 이은 대표적 제자로는 쌍운이 있다. 지금도 지리산 영원사에는 청매선사의 '방광사리탑'이 남아있다.

봉서사의 진묵대사

(1562-1633)

진묵대사는 서산대사와 사명대사의 시기에 태어났지만 승과나 구국활동에 참여하기 보다는 불교 본연의 신앙에 주력하던 분이다. 김제 출신으로 7세에 전북 완주의 봉서사로 출가하였고 주로 김제 모악산의 봉서사, 변산의 월명암등에서 주석하다가 봉서사에서 72세로 열반에 들었다.

이 대사에 관한 이야기는 민간의 전설로 많이 남아있고, 자료는 대흥사의 초의선사와 범해 각안선사가 남긴 기록이 있다. 뿐만 아니라 일제강점기에 전북지방에서 형성된 증산교나 원불교의 지도자들이 진묵대사의 화신이라고 자처하였던 것으로 보아 그의 설화는 민간신앙의 일종으로 큰 영향을 가지고 있었다.

예컨대, 진묵대사는 출가수행자이면서도 어머니에 대한 효성이 지극했고, 누이를 걱정하는 자상한 분이었는데, 어머니가 돌아가시자 제문을 짓고 슬픔을 표했으며, 김제 유왕산의 명당에 모셨는데, 자손이 없으면서도 인근 농민들이 다투어 제사를 지내게 되었는데 그 사연은 제사를 올리면 풍년이 든다는 속설에 의해서다. 명당을 믿는 사람들은 이곳을 '무자손천년향화지지'라고 하여 지금도 찾고 있으니 신기한 일이다.

또한 대사는 술을 즐겨마셨는데 술이라고 하면 마시지 않았고 '곡차(穀茶)'라고 해야 마셨다. 곡차라는 말은 오늘날에도 회자되는 유명한 일화로 진묵대사의 이야기인 것이다.

진묵대사에 관한 신기한 이야기는 이처럼 서산대사 시대의 옛이야기가 아니라 지금까지도 살아있는 오늘의 이야기여서 시대를 뛰어넘는 면이 있다.

그는 부처님의 화신으로 당대에도 추앙받았다. 그것은 호법신장, 금강역사, 나한의 설화에도 나타난다. 어린 시절 진묵대사가 향 올리는 소임을 맡자, 호법신장이 주지의 꿈에 나타나 부처님께 봉양을 받는 것이 부담스러우니 소임자를 바꿔달라고 간청했다거나, 술 거르는 스님이 진묵대사에게 '곡차'라고 하지 않아 금강역사의 몽둥이를 맞았다든지, 어머니가 사시던 왜막촌의 모기들을 산신을 통해 퇴치했다든지, 나한들을 다루어 백성들의 소원을 이루어 주었다던지 하는 숱한 일화는 그가 석가모니부처님의 화신이었다는 신앙이 들어있다.

진묵대사가 남긴 글은 오직 어머니를 위령하는 제문 뿐 이지만, 그가 월명암에서 능엄경을 읽고 그 독서삼매에 빠져 손가락에 피가 나는 줄도 모르고 하루 밤을 세웠다는 설화나, 그 지방의 대유학자 봉곡 김동준과 교유하면서, '주자강목'을 통달했다는 설화 등은 그의 해박한 지성의 일면도 보여준다. 다만, 그러한 것을 기록에 남겨 이름을 남기겠다는 집착으로 벗어나 있었기 때문에 후세에 전설로만 전해지는 것이다.

입적하기 전에 그는 서산대사를 명리승(名利僧)으로 간주하면서도 그의 법맥은 서산대사 휴정이라고 했지만, 어느 면에서는 서산대사나 사명대사보다도 더 민초들에게서는 부처님의 화신과 같은 초인적인 면으로 추앙된 분이다.

더구나 일제강점기에 이루어진 신종교에서는 그들의 초인적 일화를 이야기하면서 진묵설화를 자신들의 전생이야기로 각색함으로 인해 진묵은 임진왜란시대의 인물이 아니라 마치 일제강점기의 인물처럼 느껴지기도 한다.

그의 자취가 남은 완주의 봉서사에는 부도탑이 있고, 그의 어머니 산소에는 후인들의 추모에 의해 근세에 절이 세워져 있고, 월명암과 대원사도 쉽게 찾아 볼 수 있다.

진묵대사의 일생에서 찾아볼 수 있는 깊은 의미는 스님의 초인적인 신통력을 통해 고통받는 사람들을 달래주는 민중의 희망이 들어있다. 출가수행자 위주의 불교가 아니라 속세의 삶을 달래주고 민중의 고난에 귀 기울여주는 그러한 자비심에 주목해야 할 것이다.

소요대사逍遙大師 태능太能
(1562-1649)

조선 중기의 고승으로 속성은 吳씨요 .호는 소요(逍遙)이며, 담양 출신이다. 어머니가 신승(神僧)으로부터 대승경(大乘經)을 받는 태몽을 꾸었으며, 태어나면서부터 살갗이 선명하고 골격이 씩씩하였다. 어려서부터 탐욕을 싫어하고 도훈(道訓) 을 듣기를 즐겨하였으며, 베풀기를 좋아하고 자비심이 많아 마을 사람들이 성동(聖童)이라 불렀다고 한다. 13세에 백양사에 놀러갔다가 뛰어난 경치를 보고 곧 세속을 떠나기로 결심하여 진대사(眞大師)로부터 계(戒)를 받았다. 그 후 부휴대사(浮休大師) 밑에서 경률(經律)의 깊은 뜻을 익혔으며, 또한 묘향산의 서산대사(西山大師)를 찾아가 조사서래의(祖師西來意 : 달마대사가 서쪽에서 중국으로 온 뜻이 무엇인가를 묻는 話頭)를 물었다. 서산대사의 문하에서 3년 수행한 뒤 의발 (衣鉢)을 받았다. 서산대사는 그에게, "그림자 없는 나무를 베어 와서, 물 위의 거품에 모두 살라버린다. 우스워라, 저 소를 탄 사람. 소를 타고서 다시 소를 찾는구나"라는 법게(法偈)를 주었다. 30세 되던 해 임진왜란이 일어나 서산과 유정(惟政)이 의병을 일으켜 전장으로 나갔지만, 소요대사는 폐허가 된 빈 절을 지키며 불전(佛殿)을 수리하고 전쟁의 희생자들을 위하여 기도를 올림으로써 불교 본연의 임부에 충실하고자 하는 좀 다른 입장을 취했다.

1624년(인조 2) 조정에서 남한산성(南漢山城)을 축조하려 할 때 그에게 서성(西城)을 보완하게 하여 이를 완수하였다. 그 뒤 지리산의 신흥사(神興寺)와 연곡사(燕谷寺)를 중건하였는데, 태능의 도력에 감화된 사람들의 도움으로 며칠 만에 공사를 끝마쳤으며, 그가 법 (法)을 설하면 짐승들과 이류(異類)들까지도 감복하였다고 한다. 그는 선(禪) 과 교(敎)를 일원이류(一源異流)로 보는 전통적 견해를 취하였다.

그는 당대 최고의 고승인 서산대사와 부휴대사의 맥을 이어 선사상을 펼쳤는데, 그의 선사상을 요약하면,

(1) 본래청정(本來淸淨)하고 자재하며 완전한 일물(一物)이 있다는 것,
(2) 이 일물은 밖에 있는 것이 아니고 밖으로부터 얻어 가질 수 있는 것도 아닌 우리의 자성(自性)이라는 것,
(3) 이 자성은 추상적이거나 관념적인 것이 아니라 구체적 현실 속에서 모든 사물에 작용하면서도 그 스스로는 초월적이라는 것,
(4) 이 자성이 나의 참된 주인공인 동시에 모든 것의 주인이라는 것,
(5) 이 참 주인공을 철두철미하게 자각(自覺)한 사람은 무위진인(無位眞人) 곧 참사람으로서 아무 것에도 의존하거나 결점이 없는 온전한 주인으로 살아갈 수 있다는 것 등이다.

소요대사는 개념적이고 알음알이적인 지식을 넘어서 바로 그 실상(實相)을 깨닫도록 하는 선종의 방법으로 제자들을 지도하였으며, 주체적으로 깨닫도록 하고자 노력하였다. 만년에는 지리산 연곡사에 머물

며 법호답게 '소요'하는 듯 '무위한인(無位閑人)'의 자재로운 삶을 살았다.

1649년 11월 21일 열반이 가까웠음을 알고 제자들에게 설법 하였으며, 임종 때에는 붓을 찾아 "해탈이 해탈이 아니거늘 열반이 어찌 고향이겠는가! 취모검(吹毛劍)의 빛이 빛나고 빛나니 입으로 말하면 그 칼날 맞으리(解脫非解脫 涅槃豈故鄕吹毛光爍 爍口舌犯鋒鎚)."라는 임종게를 남겼다. 세속 나이 87세, 법랍 75세로 입적하였다. 평소 태능의 도(道)를 흠모한 효종은 1652년(효종 3) 혜감선사(慧鑑禪師)라는 시호를 내렸다.

저서로는『소요당집(逍遙堂集)』1권이 있으며, 문하에서 침굉 현변은 그의 선을 계승했다. 보개산 심원사와 지리산의 연곡사. 두륜산의 대둔사에 그의 비가 있다. 출가 사찰인 백양사 입구에 부도가 있다. 특히 편양 언기와 함께 청허휴정의 선학을 이어받아 확고한 문파를 이룬 점은 한국 불교사적인 입장에서도 큰 의의를 갖는다.

화엄사의 중관中觀 선사
(1567-1637)

선사의 법호는 해안(海眼)이고 속성은 오씨이며 무안 사람으로 본래 선비 집안의 자제였다. 어려서 어버이를 여의고 집에 의지할 곳이 없어 외숙인 처영(處英)대사에게 의탁하였다.

'문장으로 출세하는 것은 한갓 헛된 이름이니 불도에 마음을 두어 과거에 마음을 비우는 것이 낫습니다'하고는 산중으로 들어가 손수 머리를 깎았다.

서산대사가 뢰묵(雷默) 처영(處英)대사에게 밀지를 전했고 처영은 대사에게 전했으니 이는 실로 임제의 종맥으로서 태고의 청풍을 혼탁한 세상에 다시 불게 한 것이다. 임진왜란이 일어나자 그해에 영남지방에서 의승을 일으켰고, 전공을 세워 총섭이 되었다. 왜란이 끝난 후 벽암선사가 화엄사를 중창후 문도들이 산중에 대덕인 중관 해안선사에게 화엄사 사적을 부탁하니 인조 14년(1636)에 필사를 하셨으며, 산내암자인 용문암(龍門庵)에서 수도를 하면서 후진을 양성하였다.

"가을 깊은 두류산 천망봉은
울긋불긋 비단으로 사람들 감싸네
아이 시켜 문 좀 열어보라 했더니
할아버지 산 속의 부자라 외치네"

만년에는 지리산 귀정사(歸正寺) 소은암(小隱庵)의 옛터에 대은암을 중창하고 그곳에서 참선수도에 정진하였다. 자세한 행장은 전하여지지 않으나 1636년(인조 14)에 화엄사의 사적을 쓴 것으로 보아 70세에 화엄사에서 입적한 것으로 추정된다.

선사의 공로는 태고보우의 선맥을 정리한 것이다. 그는 우리나라 조등(祖燈)을 전하는 이는 도의(道義)로 보고, 임제 직전으로서의 석옥(石屋)에서부터 청허(淸虛)에 이르기까지를 선맥으로 첨가했다. 그에 의해 제기된 태고 법통설은 1635년에 쓴 「대은암설」에 보조국사는 정통이 아닌 별종(別宗)이며 스승을 임제로 하는 것이 옳으며 '만일 후세의 지혜에 눈멀고 귀먹은 이가 오래도록 전한다면 눈과 귀를 놀라게 할 일이 어찌 없겠는가?'하고 해안은 비록 변변치 못하지만 올바르게 적는 붓은 가지고 있다고 했다.

중관(中觀)선사는 태고법통의 성격을 알려 주는 매우 중요한 기록을 남기고 있다. 1640년에 「사명대사의 행적」을 쓰면서 서산대사는 부처님의 63대손이며 임제(臨濟)의 25세 직손이 된다고 천명한 점이다. 태고 법통설을 수립하는 데는 편양(鞭羊) · 중관(中觀) 등이 중심 인물이라 할 수 있으나 당시 승려들의 공론을 통하여 합의해서 정한 일인 것이다.

오늘날 조계종의 종조논쟁에서 태고와 보조를 다 조계종의 근원으로 삼고 있다. 다만 태고법통설은 한번 서산대사의 문도인 중관선사 등에 의해 확립되고 난 이후 현재에 이르기까지 정통의 법통설로서 자

리 잡고 있으며 조계종의 종헌도 이를 받아들이고 있다

그는 이런 법통설 이외에도 「답도체부총융사서」라는 탄원서에 지방 병무를 관장하는 총융사로부터 도첩을 가지고 있지 않은 승려를 찾아내어 성을 쌓는 등 노무에 동원하라는 명령을 받고 쓴 진정서이다. 즉, 승려가 국난을 당하여 종군한 공도 있고, 또 도첩이 없더라고 산중에서 솔잎을 먹고 수도하는 승려들에게 성을 쌓고 국방을 담당하는 중역(重役)을 지우는 것은 부당하다고 탄원했다.

법을 이은 제자로 청간 · 정화 · 설매 등이 있다. 저서로는 『중관대사유고』 1책, 『죽미기』 1책, 『화엄사사적』 1책, 『금산사사적』 1책 등이 있다.

징광사의 영월詠月 대사
(1570-1654)

징광사는 지금의 보성군 벌교읍 징광리에 있었던 옛절이다. 조선시대 척불의 시기에 이루어진 징광사의 수 많은 불사와 고승대덕들의 흔적이 깃든 유서깊은 이 절은 지금은 폐허에 묻혀 뒷사람을 부끄럽게 한다.

징광사의 영월대사의 이름은 청학이요, 자는 수현(守玄)이고 영월은 당호이다. 전남 장흥 유치출신으로 아버지는 홍광명이고, 어머니는 강씨다.

대사의 문집은 징광사의 백곡 처능스님이 서문을 쓰고 침굉 현변이 발문을 지은『영월대사 원시요경(原始要經)행장』이 있다. 1570년에 태어나서 1654년에 입적하여 85세의 생애를 살았다.

처음에는 부휴 선수대사에게 입문하였다가 서산 휴정에게 입실하여 인가를 받았다.

대사는 불교 뿐만 아니라 유교와 노장철학에도 밝았고, 주옥같은 시를 통해 깨달음과 아름다움을 노래했다. 낙안(벌교)의 금화산 징광사에 관한 글이 많다. 금화산 상암기에는 이루어짐과 무너짐에 대해

'이루어지면 무너지고 무너지면 이루어지며/ 이룸은 무너짐의 징조이고/ 무너짐은 이룸의 싹이다.'고 하는 화엄의 철학으로 암자의 창건문에 썼다. 또한 징광사 중창기에서는 징광澄光이란 지혜의 바다가 맑고 푸르며 지혜의 빛이 홀로 빛난다('智海澄清 慧光獨耀')의 약자라고 말했다.

많은 권선문에서는 '주역에 이르기를 적선(積善)의 집은 반드시 경사가 있고 적불선(積不善)의 집은 반드시 재앙이 있다.......집안에 천금을 쌓는 것이 반드시 귀한 것이 아니라 몸으로 한 선을 행함이 이것이 행복의 기초다'라고 하여 불사에서 권선을 한 기록들이 많이 보인다.

영월대사의 가르침 가운데 무엇보다도 중요한 것은 마음의 수행이다. 그는 많은 마음 수행의 가운데 특히 하심을 강조했다.「청신명(淸神銘)」에서 '방편이 비록 많다하더라도 하심(下心)이 먼저다. 낮추기를 다하고 공경(恭敬)을 다하자'고 하여 청정한 정신을 지킬 수 있다고 강조했다.

대사는 순천 송광사와 보성문덕의 천봉산등의 아름다운 풍경을 많이 노래했는데 천봉산에 관한 시는 다음과 같다.

> '지팡이 하나 천봉산을 날아 넘어/ 가을이라 달도 두둥실 둥글어
> 가사옷 단풍 속 같고/ 길은 흰구름 가로 이었네
> 바람결 첫 서늘한 기운/ 산 빛도 쓸쓸하기 시작
> 수풀 헤치고, 물도 건너고/ 또 들려오는 매미 소리의 싸늘함이여'

'청산곡'과 같은 시에서는 선의 경지를 잘 표현하고 있는데 그것은 사물을 대립적으로 보는 거친 마음을 경계하고 있다.

> '옳고 그름 일면 아무리 따져도 부족하고/ 사실과 진리 나뉘면(事理)
> 원만함이 아니니

큰 소유를 가져도 겸손함을 견지하고/ 나와 남 여의려고 인내로 초극하라
...사리를 모르는 사람 나와 남있다./ 깨달음 잊음도 꿈과 같이하고
진리 없음을 진리로 하면 실재 없다.'

대사의 사상은 조선시대의 거의 모든 스님과 마찬가지로 화엄과 선 그리고 염불을 통해 마음수행을 했고 자비의 생애를 보냈는데, 그러나 그 진면목은 참선을 우선했다. 시로 선의 경지를 표현했던 대사는 말에 의한 깨달음의 가벼움을 이런 염송으로 지적했다.

'흐르는 물 깊은 산도 이미 짙은데/ 누가 언어를 가지고 다시 통하려 하나
운문의 방에서 여래는 부서지고/ 임제의 할에는 묘수(妙首)도 헛것
푸른바다의 신룡은 매어둘 수 없고/ 벽오동의 봉황이 조롱에 갇히랴
언어에 의해 깨우침 경박함이 많다/ 비 개인 하늘 끝엔 산만 보이는 걸'

영월대사는 85세의 생애를 마치면서 앉은 채 입적했다. 그러나 대사의 자취가 남은 징광사에는 사적의 주춧돌만 겨우 남은 채 찾아간 나그네를 쓸쓸하게 한다.

지리산의 벽암 각성대사
(1575-1660)

벽암 각성은 충청도 보은에서 태어나 9세에 출가하였다. 그는 부휴선사의 법을 이었으며 임진왜란을 맞이하여 승군으로 참전하였으며 명나라 장수 이종성으로부터 불도징과 도안스님을 해외에서 뵌 듯 하다는 찬탄을 들었다.

남한산성을 축성하는데 감독을 하였으며, 인조때 청나라 군이 남한산성을 에워싸 인조의 항복을 권할 때, 지리산에서 항마군을 조직하여 3천명의 승군을 이끌고 청나라군과 일전을 준비했지만, 이미 인조가 투항했기 때문에 그의 항마군은 무의미하게 되었다. 그는 광해군에게 문초를 받다가 오히려 금란가사를 받았으며, 인조로부터도 대선사 대총섭의 대우를 받았고, 효종에게는 화엄사상을 강론하기도 하여 당시 조정으로부터 폭넓은 신임을 받았고, 사명대사처럼 일본에 사신으로 임명되기도 했으나 사양했다.

스님은 국가적 사업에도 총지휘를 하여 남한산성을 축성하고 또

무주의 적성산성에 있는 사고를 보호하는 일을 도맡기도 했지만, 임진왜란 때 불탄 화엄사를 복원하고 쌍계사를 복원하는 등 불사에 힘썼다. 그의 사상은 대체적으로 한국불교의 전통인 정혜쌍수(定慧雙修)·교관겸수(敎觀兼修)를 이어 받았으며 화엄사상에도 충실했다. 불교뿐 만 아니라 제자백가(諸子百家)에도 해박했으며 서예도 뛰어나 사대부들과도 시를 나누었다. 그러면서도 그는 한국의 간화선의 전통인 '무(無)'자 화두를 중시했다. 스님들에게 생활의 좌표를 제시했는데 그것은 첫째, 사불망(思不妄)할 것, 다시 말해서 망상이나 망령된 생각을 말 것, 둘째, 면불괴(面不愧)할 것; 얼굴에 부끄러운 모습이 없을 것, 셋째는 요불굴(腰不屈); 곧 허리를 굽히지 말것을 주문했다. 비굴하고 옹졸한 삶이 아닌 당당한 선승의 면모임과 동시에 누란의 위기에 처한 나라를 구한 대담한 기세를 읽을 수 있다.

스님은 장군이 아니라 수행자의 자세를 결코 잃지 않았다. 일상에서 철저히 계율을 지켰다. 광해군이 술을 하사했지만, 그는 불음주(不飮酒)의 계율을 어길 수 없다며 이를 사양했다. 또한 새나 고기 잡는 것을 금하도록 했으며, 산새들이 스님의 손바닥에 와서 먹이를 쪼을 정도였다고 한다. 칠불암에 있을 때 수행하는 스님 중에 전염병이 걸려 죽었는데 아무도 시신을 수습하려고 하지 않았는데 벽암대사는 미동함이 없이 이를 수습했다고도 한다. 그의 따뜻한 자비심 때문에 절에 거지들이 많이 와 걸식을 했다고 한다. 항마군을 조직하여 불의에 용감히 저항하면서도 힘없는 민초들에게는 따뜻한 자비심을 가진 분이었기 때문에, 86세의 세수로 열반에 들었을때는 화엄사에 1만 여명이 스님들이 운집했다고 한다.

임진왜란과 병자호란을 맞이한 누란의 위기에 승군을 조직하고 의분을 떨쳤지만 그것은 어디까지나 정법을 수호하고자 하는 '항마군(降

摩'軍)'이었음은 주목할 만한 것이다. 불살생·비폭력이야말로 불교수행의 원칙이며 벽암 각성대사의 생활의 원칙이었지만, 중생들의 평화로운 삶을 해치는 세력에 대해서는 용서하지 않았던 것이다. 그의 문하에는 취미 수초, 백곡 처능을 위시해서 8문파가 융성을 이루었다. 대사가 남긴 저술은 주로 선(禪)에 관한 것이 많으나, 다비식의 절차 등에 관한 의궤를 중국서등을 참고하여 우리나라의 실정에 맞게 재편함으로써 후일 의식의 전형이 되기도 했다.

화엄사에서 다비한 각성대사의 사리는 화엄사뿐만 아니라, 합천 해인사, 완주 송광사 그리고 보은 법주사에 나누어 모시었다. 대사는 탑을 남기지 말라고 유언했지만 화엄사와 법주사에는 대사의 비석이 있으며, 완주 송광사에는 사리탑이 있다. 서산대사나 사명대사에 이어 조선시대의 걸출한 불교의 지도자인 벽암 각성대사는 억불의 어두운 시대를 극복하고 조선불교의 빛나는 자취를 남겼다.

취미 수초守初
(1590-1668)

조선 중기의 고승으로 선조 23년 명신 성삼문의 후예로 서울 성균관 북쪽에서 태어났다. 어린 시절 부모를 여의고 형님 밑에서 살다가 설악산으로 입산하였다. 호는 취미(翠微) 자는 태혼(太昏), 1606년(선조 39) 두류산(지리산)에서 당대 최고의 고승인 부휴로부터 계를 받았다. 부휴는 수초가 큰 인물이 될 것을 알고 제자 각성에게 특별히 지도할 것을 부탁하였다. 그 뒤 여러 고승들을 찾아가서 법을 이어받고 옥천 영축사에서 개당하여 많은 제자를 지도하였다.

불교뿐만 아니라 유학과 노장학 등에도 깊은 지식을 가졌으며, 당시의 많은 유생들과도 교류하였다.(對儒談儒 逢老談老) 서울에서 재상인 장유 등 고관과 선비들과 교류하여 고대의 전적을 읽었다. 선가의 중요한 전적인『선문염송』을 읽다가 책을 덮어 버리고는 '모든 문자언어가 이미 찌꺼기 같은 것이니 거기 또 무슨 맛이 남아 있겠는가.'라고 말하여 선학을 기본으로 하였다.

스님의 시는 대체적으로 당시의 유생들과 같은 자연을 음미하는 내용이 많지만 역시 참선과 간경의 불자로서의 향기를 낸다. 치열한 생사를 넘어서려는 구도자적 자세보다는 참선과 간경조차도 유유자적한 은자의 취미와 같은 그런 느낌을 준다.

> 하루 종일 가부좌하고 향을 피운다. 시원함이 남은 버드나무 가지 길고 한가한 가운데 취미를 얻으니 다른 일이 없다. 선과 경전이 함께 대나무 상에 있다.
> (盡日跏趺一炷香 淸陰不散柳絲長 閑中得趣無他事 禪策金經共竹床)

송광사에서 12년 이상을 머물면서 네 전각의 초상화를 수리하는 불사를 하기도 했다. 또한 스님은 부처님이 부처님다운 것은 단지 지혜만이 아니라 복이라고 하여, 기복신앙을 폄하하지 않고, 염불에도 충실하였다. 돌아가시는 날은 무량수불을 염불하다가 서쪽을 앉아 그대로 입적하였다. 나이는 79세의 나이에 열반을 미리 알고 인간의 수명이 정해져 있다고 하여 약의 복용을 거부하기도 했다. 목욕하고 대중들을 모아 장례를 간소하게 하고 걱정하지 말며, 탑을 세우지도 말라고 했다. "나는 이제 쉬려한다. 그대들은 저마다 자신의 마음을 믿고 밖에서 헤매지 말라"고 당부했다. 사리 2과가 나왔다. 저서로는 『취미대사시집』 1권이 있으며 부도는 중주의 오봉사, 학성의 설봉사 승평의 송광사 등에 세워졌다. 대표적인 제자로는 성총, 해활, 민기 등이 있으며, 이들이 조선시대의 불교계를 주도한 고승들이다.

그는 선교일치라는 한국불교의 전통을 계승하고, 나아가 정토문과 성도문(聖道門)의 2문을 합일시키려 한 회통적 성격을 지킨 고승이다. 특히 회통의 이론적 기반을 화엄사상에 두고 원융무애한 경지를 모색하였다. 또한 선승인 그가 정토왕생과 타력 신앙을 주장한 점은 한국 불교사상사에서 주목되는 한 유형이다.

취미수초 대사는 부휴의 맥을 잇는 선승이면서도, 단지 선에 만 머문 것이 아니라 당시의 교양인 유학과 시문에도 뛰어난 실력을 가졌으며, 서산, 부휴, 벽암대사의 불교 중흥의 시대를 이어받은 고승으로, 대자연과 하나가 되는 유유자적한 삶의 모습을 보여주었다. 그리고 민중들의 신앙이라고 할 수 있는 기복과 염불신앙도 소중히 함으로써 조선불교의 특색인 선교일치의 원융사상을 보였다.

조선후기의 고승

징광사의 침굉선사
(1616-1684)

침굉선사는 속성이 윤씨이고 조선조 광해군 병진년, 1616년에 태어나 타고난 총명성으로 어린시절부터 신동이라고 칭송되었고 13세에 출가하여 보광건우선사(葆光虔祐禪師), 서산대사의 수제자인 소요 태능 화상, 그리고 송계원휘화상(松溪圓輝和尙)과 같은 당대 대선지식들에게서 공부했다.

18세에 대중들과 더불어 벌목을 하다가 잘못하여 아랫배를 다쳐 거의 죽을 뻔 하다가 요행으로 다시 살아났다. 이는 아마 하늘이 스님을 아끼어 불교가 오래 가도록 함이라고 하겠다. 이에 문자를 놓고 참선을 시작하면서 말하기를 "천만 권의 경책을 읽어도 눈먼 것을 구하지 못하는구나. 그러니 부처를 멀리서 따로 구할 것이 아니라 내 마음이 곧 부처이다"하고 이로부터 문자 생활을 그만두고 마음 닦는 일에 힘썼기에 도가 크게 진취되었다.

선사의 성품이 온순하고 근신하여서 항상 냇물을 건너가듯 조심하였고 음성은 金石에서 나오듯이 맑고 아담하였다. 항상 아미타불을 칭명하는 염불삼매에 들어 있었으며 누더기 옷 한 벌로 평생을 지내어서 사람들이 가끔 의복을 보시하여도 헐벗은 이를 보면 그 옷을 벗어 주었다.

'아미타불 아미타불하여 일심이오. 어지럽지 아니하면 아미타불이 눈앞에 곧 나타나니 죽을 때를 임하여 아미타불 아미타불 하면 왕생극락하리라.'고 하였다. 스님은 항상 팔베개를 하고 자서 침굉이란 이름을 얻었다. 항상 팔을 괴고 비스듬히 누워 있는 가운데서 항상 화두를 놓치지 않고 열심히 공부했다. 많은 게송을 남겼지만 입적하기 얼마 전에 다 불 질러 버렸다. 그러나 뒷날 제자들이 구전해 오는 스님의 게송들을 모아 다시 책으로 만들었는데 그것이 바로 오늘날 전해져 내려오는 '침굉집(枕肱集)'이다.

스님은 세속의 우정도 대단히 중요하게 생각했는데, 우정에 대해서 다음과 같이 말했다. '옛날의 벗은 지키는 것이 도의이고 아끼는 것이 명절(名節)이다. 그러기에 벼슬하면서 거나 세간에 살면서 조용하게 도에 맞아서 이름이 천고에 아름다우니 이는 군자들의 우정이다. 그런데 이제의 벗이라는 것은 교제하기를 이(利)와 봉급으로 하고 숭상하는 것이 공명(功名)뿐이다. 그러기에 이익이 다 되면 교제가 성글어지고 이름이 커지면 서로 해쳐서 더러운 이름이 백년을 유전하는 것은 소인들의 우정이다.' 이해관계를 떠난 순수한 우정을 강조한 것이다. 특히 스님은 고산 윤선도의 깊은 신뢰를 받았는데 진실한 인간성에 매료되었던 것 같다.

이처럼 세속적인 학문과 교유도 중요시하고 염불과 교학도 중요시했지만, 스님의 진면목은 참선이었다. 선사의 글에 '방교참선(放敎參禪)'이라고 하였으니 교학을 내려놓고 참선을 하라는 것으로 보아 선사의 근본 사상은 참선에 있음을 알 수 있다.

1684년 69세로 열반에 드실 때 가부좌를 하신 채 자는 듯 열반에 들었으며 더욱 시신을 화장하지 말고 뒷산에 버려 벌레나 새들 그리고 들짐승들이 먹도록 하라는 단호한 유언을 하신 것을 보면 알 수 있다.

선사의 유언에 따라 제자들이 시신을 금화산 징광사 둘째 바위틈에 안치했는데, 이상하게도 새나 짐승은 물론 벌레도 달려들지 않고 그 모습이 변하지 않았다고 한다. 마을 사람들이 시신이 누워 있는 것을 보고 놀라는 일이 잦아지는 등 불평이 있자 3년 뒤 산중의 스님들이 회의를 열어 다비를 할 채비를 갖추고 신도들과 함께 시신의 주위를 빙 둘러서자 선사의 시신이 저절로 불길에 싸이더니 잠시 후 연기와 함께 한 줌의 재가 되어 하늘로 날아 올라갔다고 한다. 스님은 선암사에서 오래 머물렀지만, 금화산 징광사의 조실로 거기에서 입적했다. 아쉽게도 금화산 징광사는 폐허가 된 채 아직도 복원되지 못하고 있다.

대흥사의 화악華岳 대사 문신
(1629-1707)

조사의 법명은 문신(文信), 법호는 화악(華岳)이며 성은 김씨(金氏)로 전남 해남의 화산(華山) 사람이다. 조선 인조 7년(1629)에 태어났다. 대흥사에서 출가하여 머리 깎고 스님이 되었으나 바탕이 영민하지 못하여 글을 몰랐다.

농기구 행상으로 생계를 꾸렸는데 하루는 상원루(上院樓) 밑을 지나다가 하도 피곤하여 메고 가던 짐을 내려놓고 쉬게 되었다. 때마침 상원루에서는 수많은 대중들이 운집한 가운데 취여 삼우(醉如三愚)선사가 화엄의 종지를 강론하는 중이었다.

이런 인연으로 출가하여, 글이라곤 도무지 모르던 화악이었지만 불법의 오묘한 가르침을 배우기 위해서는 글공부 역시 게을리 할 수 없었다. 낮이면 절 안의 온갖 일을 마다 않고 하고 밤이면 주워 온 솔방울로 불을 지핀 채 밤 깊도록 경전들을 섭렵하느라 날이 밝는 줄도 모를 지경이었다.

고난에 찬 3년 세월이 흘렀다. 화악은 이제 무식한 농기구 행상인의 옛모습에서 벗어나 마침내 새로운 정신세계를 열어가는 선사로서의 새 삶을 얻게 되었다. 그는 모처럼 대흥사를 떠나 제방 선지식들을 찾아 구름처럼, 물결처럼 전국 명산을 두로 돌아다니며 선문답을 통해 미완성의 자신을 탁마하였다.

다시 돌아와 취여 선사로부터 청허 - 소요 - 해운으로 전해지는 법맥을 이어받았다. 화악은 이제 명실공히 제일의 화엄강사로서 스승 취여의 강석을 물려받아 당당히 화엄의 종지를 강론하였다.

화악을 강사로 하여 대흥사에서『화엄경』법회를 열 때면 이를 듣기 위해 제방에서 모여드는 대중들은 수백 명에 달하였다. 언젠가 대둔사에서 대규모『화엄경』법회가 열렸을 때 북방에서 명성을 떨치던 묘향산 보현사의 화엄강사 월저 도안이 남쪽 지방을 유력하다가 대둔사로 화악을 찾아 왔다. 화악은 월저와 오랜 시간 선지를 담론한 끝에 그가 종주로 삼을 만한 인물이라 여겨 자신의 강석을 월저에게 양보하고 물러났다. 대중들은 크게 놀라며 한사코 만류하였다. 그러나 화악은 웃으면서 "너희들이 알바 아니라"는 말을 던지고는 방 하나를 치우고 들어 앉아 출입을 두절한 채 월저의『화엄경』법회가 끝날 때까지 면벽 참선으로 시종하였다.

월저는 "남쪽 지방에 갔다가 살아 있는 보살을 친견했다"며 화악의 학덕을 극구 칭찬하였다. 숙종39년(1707) 6월 26일, 나이 79세로 입적했다. 스님의 진영은 대흥사 상원의 영각에 모셔져 있다. 사리 2과가 나왔다.

한치응의 비문은 다음과 같다.

"숲속에서 들려오는 매미 울음소리 가래사려 가래사려
맴, 맴 매미소리 벌써 허물을 벗었고녀
황매산 홍인조사 의발을 방아 찧는 노행자 받았고
소림사 달마의 면벽은 혜가로 인해 그쳤거니
아름다운 양보의 미덕이여 그가 아니면 뉘라서 하랴
그 겸손 누가 능가할 수 있으랴 이름하여 산부처라네
설봉회정 송파 각훤 정암 즉원 연파 혜장
진리의 등불 뒤를 잇는데 5세 이어지며 융창하여라
열반에 든 뒤 비로소 비석에 새기노니
비명에 적는 뜻은 후세 사람 깨우치게 함일레라."

송광사의 백암柏庵 성총性聰 (1631-1700)

전북 남원 출신으로 휘(諱)는 성총(性聰), 호는 백암이다. 13세에 송광사로 출가하고, 지리산에 들어가 수초 취미대사의 문하에서 9년간 수학했다. 팔도의 여러 명산을 유력(遊歷)하고 특별히 자주 승주 송광사, 낙안의 징광사, 하동의 쌍계사에 왕래하고 언제나 전미개오(轉迷開悟)를 하여 학도에게 가르치고, 조선불교의 교과서라고 할 수 있는 『치문경훈주』 3권을 편집했다.

명나라 섭평림이 편찬한 『화엄경소초』와 『대명법수(大明法數)』, 『회현기(會玄記)』, 『금강기(金剛記)』, 『기신소(起信疏)』, 『정토보서(淨土寶書)』 등 400여권을 임자도에 표류한 중국배에서 190권의 불경을 입수 이를 간행하였고, 특히 화엄에 조예가 있었고, 화엄종에 공로있는 대종사였다.

중국의 불서 가운데 완질된 법보(法寶)만을 낙안군 징광사로 돌려보내 간행했다. 이듬해 봄부터 먼저 『금강기』를 간행하고 다음 『사경지험기(四經持驗紀)』을 간행하고 다음에 『사집(四集)』을 간행하였다. 이듬해에는 『화엄소초』, 『대명법수』를 간행하였다. 이 발행기간은 16년간으로 낙안 징광사에서 5000매 판을 만든 뒤 인쇄하여 완성했다.

그 밖에도 스님은 내외전에 널리 통하여 명사들과 교유의 폭이 넓었는데 그만큼 스님의 시가 뛰어났기 때문이다. 당시에 글 읽는 선비들과 백암스님은 아름다운 시를 주고 받아 『백암집』으로 남겨져 있고 특히 당시의 선비들 가운데 최동강(崔東岡), 김문곡(金文谷), 정동명(鄭東溟) 등 많은 지식인들과 교유하였다.

억불숭유의 어려운 시대에 백암성총 스님은 화엄(華嚴) 중심 교학인 「원돈문」에 대한 보족(補足)으로서 『대승기신론소필삭기회편(大乘起信論疏筆削記會編)』과 『청량화엄소초(淸凉華嚴疏)』 및, 선지(禪旨) 참구의 「경절문」에 대한 『치문경훈주(緇門警訓註)』, 그리고 정토(淨土) 수업의 「염불문」에 대한 『백암정토찬』 내지 『정토보서(淨土寶書)』 등의 간행을 통해 삼문수업(三門修業) 기틀 형성에 기여했으며, 그와 관련된 수많은 불전(佛典) 간행에 힘쓴 홍법(弘法)의 종장(宗匠)으로서 당시 불교의 정체성 정립에 기여한 인물이었음을 말할 수 있다.

이처럼 백암 성총스님은 선과 교에도 소중한 자료를 남긴 고승이지만, 더욱 중요한 것은 당시 사람들의 신앙의 갈증을 풀어주기 위해 염불과 정토를 강조했다는 점에 유의해야 한다. 편찬한 『사경지험기(四經持驗紀)』를 보면 화엄경, 금강경, 법화경, 관음경을 독송한 공덕과 기적에 대해 열거했는데, 물론 거의 중국의 일화들이기는 하지만, 백암 성총스님이 보는 불교관의 일단을 엿보게 한다. 불교는 바로 불투명하고 암울하고 불안한 세상에서 사람의 마음을 편안하게 해주고 행복을 주는데 그 의의가 있음을 밝힌 것이다. 바로 이러한 불교신앙이 억불의 시대에도 전등의 불이 꺼지지 않고 불교가 유지되었던 힘이 되었다.

물론 이것은 백암 성총스님이 기복신앙만을 찬미했다는 것은 결코 아니다. 그는 잘못된 사람들과 어울리기 보다는 고독하게 청정수행하면서 염불하고(廣交魔友 不如獨身淸淨念佛) 민중을 미혹시키는 신앙이 아니라 인과응보를 신앙하면서 염불할 것을 주장했으며,(希求妖鬼靈通不如正信因果念佛) 스스로 거만한 선객이 되기보다는 청정계율을 지키면서 염불하는(妄以禪理自高不如老實持戒念佛) 그래서 단정한 마음과 악을 멸하는 바른 신앙을 권유했다.

숙종 18년(1692) 봄 61세의 나이로 선암사 창파각(滄波閣)에서 '화엄대회(華嚴大會)'를 베풀자 제방의 학자들이 몰려 왔으며, 그해 겨울 지리산으로 거처를 옮긴 이후 숙종 26년(1700) 쌍계사 신흥암에서 7월 25일 밤 자정 무렵 열반에 들었다. 세수 70이었고, 다비후 정골사리 2매를 얻어서 송광사와 칠불암에 탑을 세웠다. 허나, 오랜 기간 동안에 걸쳐 다양한 불서를 제작하여 공급했던 낙안의 금화산 징광사는 폐허가 되었음은 유감스런 일이다.

대흥사의 설암雪巖 대종사
(1651-1706)

이제 가을이다. 가을에 어울리는 대흥사의 설암 대종사의 가을 시를 한번 감상해 보자.

"비단나무 울타리로 둘리고/ 문 밖에 흐른 구슬샘물
유달리 뛰어난 신선의 마을/ 가을이 들어 그윽한 정
속세라도 즐겨 노닐려고/ 한가로이 초당에 눕다
석양 볕에 사립문 열자/ 꽃보다 더 붉은 낙조"

스님의 법명은 추붕(秋鵬)이며 성은 김씨 평안도 강동현(江東縣)사람이다. 강동은 대동강의 중류평야에 임하여 있는 지역으로 농산물의 집산지이다. 맨 처음에 원주 법흥사의 종안(宗眼) 스님에게 머리를 깍고 다음 벽계 구이선사를 찾아뵙고 물 긷고 절구질하면서 경론의 뜻을 통달하였다.

그 뒤 묘향산 보현사의 월저 도안대사를 찾아뵙고 배우면서 바늘만한 욕심도 버리니 오묘한 이치에 맞지 않는 것이 없었다. 월저대사가 그릇이 다음을 알아보고 매우 아껴주었으며 의발도 건네주었다. 그는 월저를 모시고 10여 년 정진한 끝에 마침내 스승으로부터 청허-편양-풍담으로 이어지는 의발을 전해 받은 것이다.

그는 키가 적고 위의는 볼품이 없었으나 눈빛이 빛났다고 한다. 그의 계행(戒行)이 매우 높았고 사람을 대할 때는 귀천을 가리지 않고 평등하게 하였다. 그의 고상하고 뜻이 높았기 때문에 현실을 개탄하기도 했다.

시승이라고 할 정도로 많은 아름다운 시를 남겼다.

> "조용한 삶 일 없이 오갈 이 적고/ 일 앉음 편안해 소성을 기른다.
> 과일 따러 숲 들자 가을이슬 지고/ 차 달이는 불꽃에 저녁연기 인다
> 들 물 못에 이어 오리들 모이고/ 산 구름 뜰에 눕자 사슴 뛰노네
> 정적 속에 살피는 자연의 이치/ 풍성한 만물은 저절로 자라지"

설암대사는 불교의 교재인 사집 가운데 『도서(都序)』, 『절요(節要)』 2집의 과문(科文)과 사기(私記) 2권을 써서 지금도 남아있다. 과문이란 문장의 내용을 한 번 보고 잘 알 수 있도록 간단한 설명을 붙이고 줄로 그어 그 내용을 그림으로 나타낸 것을 말한다.

설암이 지은 이 과문의 이름은 『선원제전집도서과평(禪源諸詮集都序科泙)』으로 2권이 모두 현존하며 다른 하나는 『법집별행록절요사기(法集別行錄節要私記)』로 1권인데 일실되었다. 제자 법종 등이 경종 2년(1722)에 편집한 『설암잡저』 3권 3책과 『설암난고』 2권 1책이 전해온다.

『설암난고』는 1712년(숙종 32)제자 원조가 강원도 이천 고달산에서 간행하였다. 「제팔영산능가사」 등 51수가 있으며, 시문의 수창을 통해 유가와의 교류, 호불(護佛)의 효과를 기하고자 하였던 경향이 두드러지게 나타나고 있으며, 그리고 순수한 선시도 많이 수록되어 있다.

글의 내용이 구체적인 사실의 기록보다는 아름다운 문장의 구사에 치중하고 있는 점이 두드러지게 나타나고 있어 사료적 가치는 적다. 규장각 도서에 있다. 설암의 제자들은 대체적으로 계율을 엄수하였고,『화엄경』을 중심으로 한 교학을 중요시 하였다. 해남 대흥사를 중심으로 화엄강석을 열고 후학들을 지도하였다. 법을 전한 제자가 수 십 여명이며 그 밖의 문도가 100여명에 이르러 독립된 일파를 이루게 되었다.

1706년 8월에 시적하니 그는 세수 56세이다. 다비 후 사리 5과를 얻어 낙안 징광사와 해남 대흥사에 나누어서 탑을 세웠다. 대흥사의 12대종사 가운데 다섯 번째 대종사로 추앙받고 있으며 가는 곳마다 많은 시를 남겨서 좋은 자료가 되고 있다. 대흥사에 있는 비문은 당시의 대제학 이덕수가 지었다.

조계산의 무용無用 법사
(1651-1719)

이제 가을이다. 조석으로 서늘한 바람이 불어 세월의 무상함이 느껴지지만 하늘은 높고 맑아 아름답다. 가을빛으로 물들어 가는 조계산 송광사의 옛스님 가운데 무용대사가 있다.

스님의 법명은 수연(秀演)이며 속성은 오씨, 전북익산 출신으로 효종 2년에 태어났다. 사대부의 가문에서 태어나 나이 여덟 살에 이미 경사(經史)를 배우기 시작했다. 불행히 열 세살에 문득 부모를 여의고 오직 형을 의지하여 지내다가 열 아홉에 조계산 송광사에 출가했다.

스님은 남에 대해 장단을 말하지 않았으며, 세상의 명리에 관심을 두지 않았고, 오직 수행을 일삼을 뿐이었지만, 자연을 즐기고 시를 좋아했다.

'한 굽이 맑은 시냇물 콸콸
겹겹의 구름나무에 골문도 깊어

중 돌길로 가고 구름 골짜기 찾고
새는 꽃 가지에 나그네는 누대에 드네
스스로 얻은 임천의 끝없는 멋
속세에 남은 근심 알 리 없네
삼황이나 오제는 무엇 하신 분
태초스런 참새의 노님만 못해'

이런 노래에는 염세적이거나 암울함보다는 화사하고 다정함이 있다. 스님은 승가뿐만 아니라 유생들과도 교류의 폭이 넓었다. 교류에는 당대의 명사라 할 수 있는 이광사, 최창대, 이진유, 임상덕, 김창흡 등 기라성 같은 인물들과 교류했다.

스님은 스물두 살 때인 현종 13년(1672), 선암사의 침굉 현변의 문하에 들어가서 선지를 배우고 인가를 받았으며 백운산 상백운암에서 1년 수행을 하다, 다시 침굉선사의 권유로 조계산 은적암의 백암 성총대사를 찾아가 경전의 요체를 공부했다.

백암대사는 무용대사를 한번 보자마자 큰 그릇임을 알고 문도에게 이르기를 '이 사람은 옛 성현의 금강 선문의 자리를 빼앗은 사람이다.' 라고 찬탄했다고 한다.

백암대사가 징광사(澄光寺)에서 『화엄연의초』, 『대명법수(大明法數)』, 『정토보서(淨土寶書)』 등을 출판할 때 이를 도왔으며, 백암대사가 지리산으로 이주함에 스님에게 그 법석을 물려주었다. 이 때 대중이 100여 명에 달하였다.

그러나 이런 강석의 번잡함에 회의를 느끼고 다시 지리산 칠불암으로 옮겨 후학들을 지도하였고, 1704년에는 용문산 은봉암으로 옮겨 스스로 농사지으며 추수하면서 수행에 전념하였다.

세월이 흘러 숙종 45년(서기 1719) 송광사에 돌아왔을 때는 영·호남에 모인 300여 명의 학승들이 송광사에 운집하여 무용대사에게 「화엄」과 「선문염송」을 강의해 주도록 간청함으로 강석을 다시 강석을 베풀었다. 바로 그해 10월 미타삼존불상을 개조하고 염불에 전념하다가 앉은 채 입적하였다. 세수 69세이며 법랍은 51세였다.

스님의 흔적은 진도 쌍계사 사적문, 영암 도갑사 수미왕사 비문, 전주 송광사 사적비문 등을 비롯해 호남 지역의 사찰의 모연문들이 많이 남아 있다. 문인으로 영해 약탄, 두륜 청성등 스물 두 명이 특히 유명하다.

무용대사는 당대 최고의 선승인 침굉 현변과 학승인 백암 성총의 선교를 이어받았으며, 유생들과도 시문을 교류한 큰 스님이었다. 비록 스님들이 대접받은 시대는 아니었지만, 출가의 삶이 얼마나 맑고 향기로운지를 잘 보여준 것은 그의 시집인 『무용집』 3권을 통해서 살펴볼 수 있다.

아름다운 조계산의 송광사와 선암사를 중심으로 활약했던 무용대사의 부도는 송광사 부도전에 남아있다.

능가사의 영해약탄影海若坦
(1668-1754)

법명은 약탄, 자는 수눌(守訥), 법호는 영해, 광산 김씨이다. 아버지가 꿈속에 인도 승려를 만난 후 임신했고 태어날 때 모습이 가사를 입은 것처럼 보였다고 한다. 7세에 서당에 다니는데 두세 번만 읽으면 외우는 신동이었다고 전해진다. 9세에 고흥 팔영산 능가사에 출가해서, 득우 스님을 은사로 삼았으며, 17세에 송광사의 무용(無用) 화상을 만나고 다음해 18세에 머리를 깎고 계를 받았다.

28세에 어머니가 돌아가시자 모든 현상세계가 오직 마음에서 비롯된다는 선지(禪旨)를 체득하고 피나는 참선정진을 시작하였다. 숙종 30년 봉갑사(보성문덕)의 청에 응하여 자수암(慈受庵)에서 입실하셨는데, 이로부터 그 이름이 멀리 떨치어서 사람들을 부르지 않아도 스스로 오는 자가 수백에 이르렀다.

51세에 무용대사를 위하여 화엄대회를 송광사에서 개최했다. 54세에 보조국사의 부도탑을 옮겼으며 다음해 무용대사의 문집을 발간했다. 61세에 지리산 벽송암에서 수 백명의 학인들을 지도했다. 이때가 영조 5년인데 이인좌의 난이 일어나 백성들이 불안에 떨었다. 스님은 대중들에게 "임금의 땅에서 은혜를 입고 먹고 사는데 이런 변화를 만나 진실로 나라를 도와야 하겠다. 내가 어찌 계산에 얽매이겠는가"하고 대중들을 규합하고자 했다. 스님의 이러한 애국정신은 지리산 벽암대사가 병자호란을 맞이하여 항마군을 조직하던 그런 기상과 일맥상통하는 기상이다.

이 안에 우리스님 선정의 힘이 있으니	這裏吾師禪定力
동서와 남북에 구애받지 않구나	不拘南北與西東
부휴대사의 심법은 부용에게서 얻고	浮休心法得芙蓉
준수한 기운과 영웅적 기풍이 만고의 영웅이라.	俊氣英風萬古雄

80세에 벽암대사의 후학인 정현 스님 등의 거주처였던 능가사의 사적비를 세운 것도 이런 애국적 기상과 무관하지 않은 것이다. 영해스님은 87세로 장수하는 데는 관음기도의 효험을 얻었다는 전설이 있다. 서부사의암(西不思議庵)에서 기도하던 중 꿈에 관음보살로부터 천도복숭아 3개를 얻어 하나는 자신이 먹고, 나머지 둘은 어머니께 바쳤다고 한다. 영해는 불경뿐만 아니라 음양오행과 수학 등의 외전에도 해박한 지식을 가졌다.

새벽에 종이 울리면 반드시 가사를 걸쳤고, 피곤할 때도 벽에 기대어 앉거나 흐트러지지 않았으며, 언제나 예불을 경건하고 정성스럽게 했으며 대중들 앞에서 묵묵하게 처신하며 예법을 간직했다고 한다. 제자는 풍암 최눌이 있다. 87세에 가벼운 병을 얻고 입적했는데, 임종게를 남겼다. 다비를 했는데 사방에 빛나는 초골(超骨)이 수습되어 많은 사람들이 경배하였다. 부도탑은 능가사와 송광사에 세웠다. 임종게는 다음과 같다.

가득 찬 일원상을 누가 능히 지치게 할까	凝圓一相誰能
천지를 활보함이 당당하구나	闊步乾坤露裸裸
스스로 밟아도 그 진귀함이 허물어지지 않네	踏着自家不壞珍
홀로 존귀함을 누가 나라고 하였는가	獨尊獨尊貴唯稱我

영해 약탄 스님은 취미 수초 - 백암 성총 - 무용 연수로 이어지는 송광사의 선맥을 이었다.

이광사의 선필禪筆, 무상체無常體 (1705~1777)

이광사(李匡師, 1705~1777)는 추사 김정희와 더불어 한 시대의 명필로 이름을 떨친 인물이다. 그의 흔적은 지금도 호남지방의 절에 고스란히 남아 있어서 절을 찾는 이들에게 궁금증을 불러일으키게 하는 사람이다. 그는 인생의 절정기를 완도의 신지도에 보냈고 거기에서 생애를 마쳤는데, 비록 절해고도이지만 명필이었기에 많은 사람들이 그를 찾아가 글을 받았던 것이다. 해남의 대흥사, 구례의 천은사, 강진의 백련사, 고창의 선운사 그리고 부안의 내소사의 현판들은 그가 남긴 흔적이다.

이광사는 전통적인 주자학을 탈피하여 마음에서 진리를 찾는 양명학을 중시한 정제두의 문인이며 서법은 윤순에게서 전수를 받았고 중국의 왕희지를 모범으로 삼아 서예를 즐긴 사람이다. 집안은 명문집안이었지만 경종과 영조의 교체기에 그의 집안이 몰락하고 벼슬길을 접어야 했을 뿐만 아니라 한 많은 유배의 삶으로 생을 마감했다. 그러나 그런 불행한 상황에서도 좌절하지 않고 서예에 몰입하고 글을 써서 독보적인 경지에 이르렀다.

해남 대흥사의 대웅전을 비롯한 강진 백련사, 고창의 내소사의 대웅보전 등의 글씨가 바로 신지도에서 15년을 살았던 원교 이광사의 현판 글씨이다. 왠지 단아하고 엄정한 글체와 달리 개성이 돋보이는 그 글체에는 어떤 뜻이 들어있을까? 이광사는 글씨는 틀에 박혀서는 곤란하다고 했다. 그는 왕희지의 서체를 배경으로 항상 선인들의 글을 임서했지만 임서에 머물고 만다면 그것은 아름다운 것이 아니라고 했다. 옛것을 배우되 자신의 글을 써야 한다는 것이며, 서예도 훌륭한 병법이 틀에 박힌 작전이 아닌 것처럼 틀에 박히지 않은 글을 써야 한다는 "병무상진(兵無常陳) 자무상체(字無常體)"의 주장을 한다.

이광사의 필법이 선필(禪筆)이라는 것은 바로 이런 무상체(無常體)라는 점에서이다. 예술이란 창조적인 작업이기 때문에 기존의 예술품을 베끼는 일은 큰 감동을 주지 못하는 것이다. 그는 그 자신의 글도 똑같아서는 곤란하다고 말한다. 비록 비틀어지고 괴이하게 보일 지라도 오묘한 조화가 더욱 중요하다는 것이다.

그는 명문가에 태어나서 부귀영화와 출세를 꿈꾸며 살다가, 집안의 몰락으로 서울에 멀리 떨어진 섬에서 유배객이 되었다. 그의 참담함과 울분이 어떠했을지 짐작할 수 있다. 그런 그에게 몰개성적이고 정형화된 글쓰기는 무의미했을 것이다. 지금 사람들은 많은 것을 소유하면서도 자족을 모른다. 만복을 누리면서도 자신이 가진 복을 모른다. 채우려고만 하지 비우지 못한다.

내소사 '대웅보전(大雄寶殿)' 단청이 바랜 현판을 바라본다. 그 무상체(無常體)는 무엇을 말해 주는가? 남의 시선에 너무 집착하지 말고 그대 자신이 되라는 가르침, 마음의 강박관념을 없애고 자유롭게 살라는 이야기를 하는 것이다.

묵암默庵 최눌最訥 선사
(1717-1790)

묵암 스님은 숙종 43년(서기 1717) 전남 고흥에서 밀양 박씨의 아들로 태어났다. 어린시절 선사는 5~6세 때 땅에 떨어진 종이만 보면 줍는 버릇이 있었다. 특히 글이 쓰여진 종이를 주우면 벽에 붙이면서 "내가 이 뒤에 배울 것이다"고 말하였다고 한다. 이러한 특이한 행동에 사람들은 그를 '숙세(宿世)의 신령스러운 싹'이라고 이구동성으로 말하였다.

14세에 징광사에 들어가 돈정(頓淨)대사에게서 머리를 깎고 18세에 만리(萬里)대사에게서 구족계를 받고 19세에 조계산 송광사에 들어갔다. 이 곳에서 풍암대사의 제자가 되어 4, 5년간 공부를 한 후 여러 고승을 역방(歷訪)하였으며 영해 약탄(若坦)스님에게서도 일시 지도를 받았다. 풍암스님은 이미 그의 인품을 인정하여 순천 대광사 영천암을 거소로 하여 그에게 자신의 의발을 전했다. 말하자면 그는 풍암의 법통을 정식으로 이어받게 된 것이다.

용맹정진 2년째인 정월, 이르게 핀 매화꽃을 보고 확연 대오하였다.

> 밝은 별(깨달음의 별)이 밤마다 돌아온다고 모두를 말하는데
> 추위를 당해 비로소 눈 속의
> 매화를 볼 수 있네.
> 진사(塵沙 : 재물이 티끌과 모래처럼 많다는 뜻)의 오랜 겁전에 부처 됐다 하거니,
> 무엇하러 아직까지 깨치려 하는가.(오도화(悟道花 : 깨달음의 꽃)

그의 나이 27세가 되던 해에는 다시 풍암화상(楓巖和尙)의 처소로 되돌아와서 대광사(大光寺)의 영천난야(靈泉蘭若)에 입실하였는데, 칠 팔년 동안 대여섯 명의 대가들을 편력하여 내외의 경전은 물론이고 격외선지(格外禪旨)의 도리까지도 모두 배워서 익혔던 것이다. 그러므로 영천난야에 입실하고 부터는 그를 흠모하여 멀리서 찾아오는 사람들이 많았는데, 선종과 교종의 도리를 물 쏟듯이 평설하면서도 두루 통하여 걸림이 없었으며, 앞 사람이 미쳐 발견하지 못한 것을 아는 것이 많았으므로 사람들이 대사를 가리켜서 귀신처럼 안다고 하였다는 것은 결코 거짓말이 아닌 것이다.

후학을 위한 지도는 이러한 법문을 직접 설하는 일에만 그치지 않고 많은 저술을 남기게 하였다. 그의 저술로 「화엄과도(華嚴科圖)」, 「제경문답(諸經問答)」, 「반착회요(盤錯會要)」 각 1권이 있으며, 또한 그의 법어 · 편지 · 시 · 문 등을 모은 문집인 『묵암집(默菴集)』 3권이 있다. 이 묵암집에는 유생들과 불교에 대하여 과감히 논쟁한 것이라든지 왜승에게 의연한 기백으로 응답한 시 등이 풍부하게 들어 있어 그의 사상과 인품을 잘 알 수 있게 한다. 특히 그는 화엄학에 일가를 이루어 화엄종 승려로 손꼽히고 있다.

묵암선사의「제경회요」는 조선시대의 중엽부터 강원에서 초학자들이 이력과정 중에서 배우는 주요 경전들을 대상으로 그 내용들을 초록하여 편집한 것으로서, 사교과(四教科)에서『능엄경(楞嚴經)』·『금강경(金剛經)』·『원각경(圓覺經)』·『기신론(起信論)』등을 배우는데, 이들의 요점만을 간추려서 엮은 것이다. 연담 유일(有一)스님과 함께 인간의 심성에 관하여 영조 42년(1766)부터 토론해 오던 중에 마침내 이를 정리하여 동 51년인 을미년(1775) 가을에 감로암(甘露庵)에서「심성론」3권을 지었다.

정조 14년(서기 1790) 조계산 보조암에서 입적했으며 세수 74세, 승납 54세이다. 최눌에게는 많은 제자들이 있었는데, 그 가운데서도 선지(禪旨)는 와월 교평(臥月 教萍)이 이었고, 특히 화엄학에 뛰어나 일가를 이루었던 교학사상은 봉암 낙현(鳳巖 樂賢)과 성봉 장언(聖峯 莊彦)에게 각각 전해졌다.

송광사의 부도암은 1776년 묵암스님의 제자인 와월 와평(臥月教萍 1750~1822)스님이 개강하고, 묵암 최눌(默庵 最訥 1717~1790)·향운 창호(香雲昌昊 1893~1936)스님이 주석한 곳이다. 부도암 옆에는 백암 성총의 비의 비, 무용 수연(無用秀演 1651~1719)·영해 약탄(影海若坦 1668~1754)·풍암 세찰(楓巖世察 1688~1767) 그리고 묵암 최눌스님의 부도가 계보에 따라 여법하게 배열되어 있다.

묵암 최눌선사는 교학과 참선에 두루 뛰어나고 조선후기에 부족했던 불교교학을 체계적으로 정리한 고승이다.

대흥사의 연담대사

(1720-1799)

연담 유일 대사는 대흥사의 12 대종사로 화순에서 태어나, 18세기 불교계에서 크게 활약하신 고승이다. 속성은 개성(開城) 천(千)씨요 법명은 유일(有一)이요, 자는 무이(無二), 법호가 연담(蓮潭)이다. 흔히 호남지방에서는 '유가(儒家)에는 하서 김인후(金麟厚)요, 불가(佛家)로는 연담대사'라고 큰 인물로 평했다.

대사는 5세에 천자문을 읽었고, 7세에 사략(史略) 등을 읽어 이미 뛰어난 인재로 각광받았으며 15세 때 향시에서 착호부 대고풍(捉虎賦 大古風) 일편으로 장원을 하기도 했다. 대사는 이처럼 한문과 유교경전에 관해 통달한 것은 이미 어린 시절부터 라고 할 수 있다.

18세에 무안의 승달산 법천사(法泉寺)의 성철스님 문하로 출가하였고, 19세에는 안빈노사(安貧老師)에게 구족계를 받았고, 그후 보흥사(普興寺) 영허대사(靈虛大師)에게 사집(四集)을 배웠다. 대흥사 벽하대사(碧霞大師)에게 능엄경을, 장흥 보림사 용암대사(龍岩大師)에게 원각경을 배웠다. 23세에 해인사로 들어가 호암체정(虎岩體淨)을 만나 3년 동안 염송 등을 배우면서 선지(禪旨)를 터득했다. 27세에 법형(法兄)인 설파대사(雪坡大師)에게 내장산 원적암(圓寂庵)에서 십지(十地)와 법계품(法界品)을 배운 다음, 이듬해에 곡성 동리산(태안사)에서 풍암대사(楓岩大師)에게 참학(參學)을 하고, 30세에 법운암(法雲庵)의 상월노사(霜月老師)에게도 참학을 하였다.

31세에 장흥 보림사의 초청을 받아 강석(講席)을 연 후, 전국 방방곡곡 원근대소 사찰을 막론하고 선(禪)과 교(敎)를 강설(講說)하였는데 특히 호남의 학인(學人)들이 많이 찾아와 배웠다고 한다. 59세에는 중망(衆望)에 의하여 밀양 표충사(表忠寺)에서 원장에 추대되었다.

이처럼 대사는 선과 교에 두루 밝은 큰 학승(學僧)으로 널리 추앙을 받았고 특히 화엄학(華嚴學) 의 종장(宗匠)으로 존칭되었다. 예컨대 대흥사의 12 대강사인 아암 혜장 스님은 오직 연담대사의 강의에만 수긍하여 만족했다고 한다. 유가(儒家)의 경전에도 통달하여 유학자들과도 교유했으며 극락왕생은 비록 염불을 하지 않는다 하더라도 진실한 충신과 효자도 갈수 있다고 설법하였다.

그는 송시열과 같은 대의 명분론자의 입장을 지지했으며, 당시 청나라를 오랑캐의 문하로 보는 점 등에 있어서는 절조 높은 선비들의 입장과 흡사해서 당시의 선비 이충익은 대사를 '충의남자(忠義 男子)'라는 표현으로 높은 기상을 표현했다. 해남 대흥사가 서산대사의 표충사가 세워진 것도 이런 연담대사와 같은 능력있는 스님이 있었음으로 기인한다.

표충사의 사액을 임금께 건의했던 '서판서 송덕비'도 연담대사의 글이다.

유학(儒學)에 관한 해박한 지식에 감명을 받은 많은 사람들이 환속을 권유하였고 사림(士林)들과도 교류가 많았다. 대사를 흠앙했던 사림의 탄식이 임하록의 서문에 '아깝다! 연담이여. 어찌 도의를 주장하는 유가(儒家)에 들어오지 아니하고 공적(空寂)을 주장하는 불가(佛家)에 들었던고?'라는 탄식하는 내용도 있다.

『임하록』에는 많은 한시가 수록되어 있는데 그의 시재(詩才)가 뛰어나 앉은 자리에서 단숨에 같은 운(韻)으로 30수를 지을 정도였다고 한다. 동시에 연담의 시는 한결같이 품격이 높은 시풍과 절묘한 표현들로 이름을 각광받고 있다.

연담대사는 뛰어난 재능에도 불구하고 매우 겸허하고 소탈한 인품의 소유자로 알려지고있다. 30여 년 동안 강석(講席)에서 후학들을 가르쳤고 가는 곳마다 대사를 흠모하는 사람들이 구름처럼 모여들었다. 대사의 가르침은 상기 임하록 외에도 연담집(蓮潭集), 화엄경 사기(華嚴經私記), 연담사기(蓮潭私記) 등이 남아있다. 대사는 19세기를 눈앞에 둔 1799년(정조 23)장흥 보림사 삼성암(三聖庵)에서 열반했다. 해남 달마산 미황사(美黃寺)에는 부도탑이, 비는 해남 대흥사에 세워졌다. 열반송은 '人之死生 如晝夜之開合 何必爲悲'(사람의 죽고 사는 것은 마치 주야와 같으니, 어찌 슬프리)'라고 했다.

구암사의 백파스님
(1767-1852)

백파스님은 조선 후기 영조 때 고창에서 태어나 18세의 나이에 선운사에 입산했다. 그의 입산 동기는 여느 스님과 달리 출가하면 구족(九族)이 복을 누린다는 매우 유교적인 뜻이 들어 있었다. 스님은 실제로 효자여서 돌아가신 부모님의 묘소를 여러 번 이장한 효자스님이었다.

백파스님은 지리산 영원사로 들어가 설파스님에게서 화엄학을 공부했다. 추사 김정희는 '화엄종주'라고 묘사할 정도로 교학에 천착했다. 그리고 백양사의 운문암에서 강사로 이름을 떨쳤다.

그러던 그는 홀연히 불립문자의 선에 침잠하여 멀리 평안북도 초산으로 들어가 정혜결사의 참선에 몰두하여 전통적인 선의 부흥을 모색했다. 5년간의 수행을 마치고 다시 순창의 영구산 구암사에 머물면서 참선과 저술에 몰입하면서 '호남선백(湖南禪伯)'으로 불교계의 중심에 있게 되었다. 그의 선에 대한 저술 『선문수경(禪門手鏡)』은 추사 김정희를 비롯한 대흥사의 초의선사 등과 논쟁이 되어 그 후 100년간에 걸쳐 학술논쟁이 일어난 계기가 되었다.

백파스님의 사상은 조사선(祖師禪)이야말로 임제의 법맥을 잇는 참된 선이라는 것이었는데, 그는 선을 조사선, 여래선, 의리선으로 구분하였다. 조사선이야말로 스승과 제자로 이어지는 전등(傳燈)의 참된 뜻이 있는 것이며 우수하다는 것이고, 여래선이나 의리선은 참된 선이라기 보다는 교학적 알음알이가 들어있다고 하여 낮게 평가하였다. 오늘날 해인사의 성철스님이나 백양사의 서옹스님의 입장은 바로 백파스님과 궤를 같이 하는 것이다. 이에 대해 초의선사는 본시 부처님의 정신에 의하자면 그러한 구분은 무의미한 것이라고 하여 비판하였다.

백파스님의 사상은 서산대사 이래로 내려온 한국의 전통적인 선의 순수성을 회복하고 지키려는 뜻이 들어있다. 그리고 화엄학의 강백으로도 명성을 얻은 스님이 임제선의 전통속으로 다시 회향함으로써 한국불교의 전통을 이었다고 평가할 수 있을 것이다.

백파스님의 자취는 그가 출가한 선운사에 추사 김정희의 '대기대용비'가 있다. 대기(大機)는 청정한 마음의 기틀을 말하고 대용은 빛나는 마음의 작용을 말한 것이다. 지리산 영원사는 그가 화엄학을 공부한 곳이고, 백양사의 운문암은 그가 강학을 하던 장소다. 백파스님의 부도탑은 백양사 건너 영구산 구암사에 그의 스승 설파탑과 그의 제자 정관과 나란히 서있다. 구암사는 30년간 백파스님이 머문 곳이지만, 초의선사의 대흥사에 비하자면 퇴락한 느낌을 주고 부도 또한 아주 작은 규모로 있어서 일부러 보러가지 않으면 눈에 띄지 않는다.

백파 긍선스님의 불교사적 의의는 꺼져가는 조선후기 불교에 선 논쟁의 불을 붙임으로써 학문논쟁을 활기있게 해주었고, 그가 유학이나 화엄학 혹은 계율학등에 해박한 식견을 가졌음에도 불구하고 불교수행의 진수를 조사선 곧 간화선에서 찾았다는 점이다.

선은 밖으로 향하는 관심을 돌려 마음을 거두어 잡는 수행이다. 거기에는 세상과 세상의 욕망에 대한 집착이 있어서는 안 된다. 그리고 거기에는 번잡한 이론과 지해(知解)에 얽매임 없이 화두에 몰입하는 조사선의 전통적인 계승과 수행이 필요하다는 것이다.

"머리는 더부룩하고 눈은 툭 불거진
그 모습 이 늙은이의 진면목일레
위로 하늘 아래로는 땅을 버티고 선 그것을
부처님도 조사도 원래 찾아내지 못했지
우습도다, 그것이 무엇일까
남북동서 오직 나뿐이로다." 『동사열전』

추사 김정희 거사의 불이선不二禪
(1786-1856)

조선시대에 불교는 고려시대와는 달리 주류에서 밀려 늘 이단시되곤 했다. 그것은 주자학적 진리 이외에는 그 어느 것도 받아들이지 않으려는 주자 절대주의가 되어 버렸기 때문이다. 불교를 불교로서 당당히 거론되고 논의된 것은 조선후기의 큰 거사 추사 김정희(1786-1856)를 생각하지 않을 수 없다. 그는 당대의 고승인 초의나 백파와 교유했으며 더불어 시와 차와 선을 그의 삶속 즐겼던 것이다.

추사는 유교경전을 바탕으로 교양을 쌓은 사람이지만 청나라에서 도입한 불교의 서적을 독서하는데 몰입하기도 했다. 추사는 초의대사와 가장 많은 6편의 선시를 보냈으며 38통의 편지를 썼다. 김정희는 헤아릴 수 없는 불경을 읽었으며, 『법원주림(法苑珠林)』 120권과 『종경록(宗鏡錄)』 100권뿐만 아니라 참선을 하기 위해 『안반수의경』도 즐겨 읽었다.

김정희는 직업적인 화가가 아니었지만 직업적인 서예가나 화가보다도 더 높은 경지에서 예술적인 삶을 살았던 사람이다. 그가 그린 난초 중에 불이선난(不二禪蘭)이 있는데 여기서 그의 선의 이해를 잘 보여주고 있다.

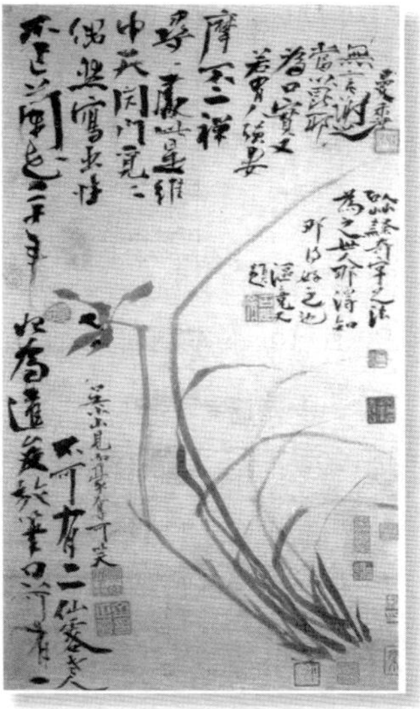

난초를 그리지 않은지 이십년	不作蘭花二十年
우연히 흥이 나서 그렸는데 드러난 본성의 천연	偶然寫出性中天
문 닫고서 찾고 또 찾은 곳이	閉門覓覓尋尋處
이것이 바로 유마거사의 불이선.	此是維摩不二禪

이것이 김정희가 이해하는 선의 선다움이다. 선을 말로 표현하면 그것은 억지가 되어 버리기에 유마거사의 침묵 같은 것이 선이라는 것이다. 그것은 어느 한쪽에 편중된 입장이 아니라 두 세계를 자유롭게 오가는 불이(不二)라는 것이다. 아마도 난초는 일부로 향기를 자랑할 필요가 없기 때문에 선의 경지는 산속의 난같은 것이리라. 자랑하고 뽐낼 필요가 없다.

초의와 백파 스님간의 논쟁에도 추사는 깊은 관심을 가지고 자신의 의견을 피력했다. 그 요지는 불교와 유교다 서로 다른 사상이지만 상통하는 바가 있고, 굳이 두 사상을 융합시킬 필요도 없다는 것이 그의 입장이었다. 불교의 불교다움은 유교와 비슷한 것이 아니라 나와 남을 구별하지 않고 고귀함과 비천함을 분별하지 않고 옳고 그름을 넘어서는 데에 진정한 가치가 있다는 것이다. 불교는 불교가 아니라 무아이기 때문에 진정 자비로울 수 있다는 것이 김정희의 불교관이었다.

김정희는 간화선만으로 선이 이루어지는 것이 아니라고 했다. 간화선도 방편중의 하나일 뿐 그것을 절대화하는 것도 문제가 있다고 지적하고 있다. 그는 양반의 신분이라는 상(相)을 버리고 삶과 예술을 즐겼던 큰 그릇의 승련(勝蓮) 거사였다.

그대 마음 고요할 때
저자거리도 산중
그대 마음 번잡할 때
산중도 저자거리
다만 마음하나에서
저자거리와 산중이 저절로 나뉜다. (초의에게 보낸 시)

일지암의 초의선사

(1786-1866)

초의 의순(艸衣意恂, 1786-1866)은 전라도 무안군 삼향면 출신으로 대둔사 완호대사로부터 구족계를 받았으며, 연담(蓮潭)대사에게 사사하였다. 55세인 1840년에는 헌종(憲宗)으로부터 대각등계보제존자초의대선사(大覺登階普濟尊者艸衣大禪師)라는 호를 받았다. 저술로는『사변만어(四辨漫語)』,『동다송(東茶頌)』,『다신전(茶神傳)』등이 있으며 많은 선시(禪詩)들을 지었다. 초의는 또 다산 정약용[1], 추사 김정희를 비롯하여, 홍석주(洪奭周), 신위(申緯), 홍현주(洪顯周), 김재원(金在元), 김경연(金敬淵), 윤정현(尹定鉉), 김유근(金逌根), 이노영(李魯榮), 이상적(李尙迪), 정학연(丁學淵), 정학유(丁學遊), 김명희(金命喜), 김상희(金相喜), 신관호

1) 김상홍,「茶山의 未公開繪畵資料集」,『문학사상』, 1976, 10월호. 다산이 초의에게 주는 편지는 다음과 같다. "인간세사는 심히 분망한데 그대는 매양 동작이 느리고 무거우니 서사(書史) 속에 있어도 근적(勤績)이 매우 적으니라. 지금 그대에게『논어』를 내려주니 지금부터 시작하여 마치 왕공(王公)의 엄한 조칙을 받드는 것처럼 하여라. 시각을 다투어 뒤에는 장수(將帥)가 있고 앞에는 깃발이 펄럭이듯이 황급하게 내달아라. 마치 호랑이와 교룡이 핍박하듯이 한순간 한순간 감히 쉬거나 느리지 않도록 하여라. 단지 의리를 깊이 추구할 때에는 반드시 마음을 모아 정연(精硏)하면 마침내 그 진취(眞趣)를 얻을 수 있으리라."

(申觀浩), 윤치영(尹致英) 등 당대의 명사들과도 교류하여 많은 詩文을 남겼다.[2]

초의는 다산과의 교류를 통해서 유서(儒書)와 시도(詩道)를 배웠다.

특히 추사 김정희와는 매우 각별하여 초의가 수 차례에 걸쳐 제주도까지 가서 교분을 나누기도 하였다. 또 추사는 백파와 초의 사이에 일어난 이종선(二種禪)·삼종선(三種禪) 논쟁에 참여함으로써 이 사상논쟁이 불교 내부의 차원을 넘어 당시 지성사의 주요 사건으로 발전하였다. 즉 백파가 제시한 조사선, 여래선, 의리선이라는 삼종선의 구분법과 등급 매김에 대해 초의가 이의를 제기하자, 추사는 여기에 가담하여 백파를 비판하여 소위「백파망증십오조(白坡妄證十五條)」를 통해 자신의 견해를 밝혔다.

이러한 교류는 선의 전통에 대한 도그마적 태도로부터 그를 자유롭게 하여 비교적 객관적이고 비판적인 이해를 가능하게 했던 것으로 보인다. 조선불교는 초의에 이르러 비교적 활발하고 자유로운 교학연구의 분위기가 형성되고, 당시의 시대적, 학문적 경향에 부응하는 모습들이 발견되기 때문이다. 이러한 분위기는 당시의 지식인들이 주자학적 전통이라는 굴레에서 벗어나 여러 학문에 대한 자유로운 관심과 접근이 가능해지고, 실증과 경험, 현실성이 중시되는 과정에서 하나의 사상적·종교적 전통에 대한 절대적이고 맹목적인 추종에서 비교적 자유로워질 수 있었던 사실과 무관하지 않을 것이다.

대표적으로 초의, 백파 등과 교류한 추사의 경우를 보면, 그는 불교 경전 문구의 오류 가능성, 한역 경전의 번역의 정확성, 원문 대조의 필요성, 경전 해석의 정당성 등에 대한 문제를 제기한다. 또 그는 다양한

2) 『草衣全集』 제2집, 초의문화제집행위원회, 1993, 11-6쪽.

자료를 고증하여 석가의 생몰연대나 탄신일에 대해서도 정설이 없다는 것을 논증한다. 이러한 소위 고증학적이고 실증적인 방법론에 근거하여 그는 불교를 이해하고 있으며, 이러한 입장에서 그는 불교가 원래 초월적인 세계나 내세를 중시하는 것이 아니라 궁극적으로는 현실세계, 인간사회에 주안점이 있음을 강조한다.[3] 추사를 비롯한 소위 실학적 성향을 갖는 지식인들의 지적 분위기는 교리연구에서 보다 고증적인 방법론이 도입되거나 실천적 측면에서 보다 현실에의 관심이 증대되는 등 불교계 내부의 변화를 초래했을 가능성은 충분히 예측된다.

초의는 널리 알려진 바와 같이 그는 다도를 정립하였을 뿐만 아니라, 당시 유교 지식인들의 필수 지적 조건인 시서화(詩書畵)에 깊은 식견을 갖고 있었다.

한벽한 대흥사의 스님이었던 초의선사는 지역적 한계를 넘어, 19세기 한국지성사에 있어서 단지 불교에만 머문 것이 아니라 한국의 차문화와 실학에 이르기까지 불후의 자취를 남긴 큰 스님이었다.

3) 「書示白坡」, 『완당선생전집』, 권7, 25쪽.

『동사열전』을 쓴 범해 각안선사
(1820-1896)

선사의 호는 각안(覺岸)이요, 자는 환여(幻如), 당호는 범해(梵海)이다. 완도출신으로, 14세에 해남 대흥사에서 출가하였고, 16세에 호의 시오(縞衣 始悟) 선사에게서 삭발하고 승복을 입었다. 속성은 최(崔)씨였다. 27세에 호의의 법(法)을 이어받고 진불암(眞佛庵)에 머물며 선(禪)과 교학(敎學)을 가르쳤다. 화엄학(華嚴學)과 선 ·계율(戒律)에 모두 통했으며, 유(儒) ·불(佛) ·도(道) 3교(三敎)의 일치를 주장하였다. 저서에 『동사열전(東師列傳)』, 『범해선사유고(梵海禪師遺稿)』 등 14종이 있으나 현존하는 것은 3종뿐이다.

행자시절 물을 긷고 나무를 하는 등 후원 일을 거들면서 염불 공부를 시작했는데 그는 후원 일과는 달리 염불은 외우지를 못했다고 한다. 왜냐하면 외우고 뒤돌아서면 잊어버리고 또 외워도 그때뿐이었기 때문이다. 대중들은 그를 「바보」라고 수군대며 놀려댔다. 최행자는 꾹 참고 노력에 노력을 해 봤으나 허사였다. 입산한 지 반년이 지났으나 그는 천수경도 못 외웠고, 수계도 못 받았다고 한다.

조실 스님으로부터 석가모니 부처님 당시의 바보 판타카가 '쓸고 닦아라'는 수행으로 깨달음을 얻었다는 이야기를 다 들은 최행자는 「판타카」와 같은 수행인이 되기로 마음을 다졌다. 그는 후원 일을 도맡아 하면서 외우지는 못할망정 『천수경』을 읽고 또 읽었다고 한다.

그러던 어느 날부터 글 한줄 못 외우던 최행자가 천수경 뿐 아니라 무슨 경이든 한 번만 보면 줄줄 외워 나갔다. 범해스님이 거주했던 진불암을 처음 창건하게 된 동기는 옛날 남인도에서 불상과 16나한상 그리고 『금강경』과 『법화경』 등을 모시고 온 배가 전라도 강진 땅 백도방에 도착한 데서 비롯됐다. 영조 스님 일행이 명당지를 찾아 인도 부처님을 봉안하던 날 밤. 스님은 꿈에 한 노인으로부터 「이곳은 후세에 진불이 출현할 가람이니라.」는 계시를 받고 절 이름을 진불암이라 명명했다. 경전도 제대로 못 외우던 스님은 진불암의 전설이 되었으니, 예언했던 후세의 진불이 바로 각안선사라고들 했다.

스님은 유가경전을 요옹(寥翁) 이병원에게서 전수받고 불교의례를 태호 성관(太湖 性寬)과 자행 책활(慈行 策活) 두 선사에게서 전수받았다. 선사에게 있어서 유교적 가치는 더 이상 불교의 그것과 구별되거나 부정해야 될 것이 아니다. 이러한 시각에서 그는 사제간의 관계윤리에 대해서도 유교의 전통을 주목한다. 이러한 경향은 19세기 대흥사에서 주석했던 초의대사 등이 유생들과 교유하였던 맥락과 같은 것으로 하나의 시대정신이라 할 것이다.

『화엄경』을 강론한 것이 6회이고 『범망경』을 강설한 것이 12회이다. 22년간을 강론하였다. 스님의 명저 『동사열전』은 3권으로 모두 198인의 고승의 행적을 써서 곁에 두어 책 속의 스승을 삼았다.

경진년(1880)에 진도의 쌍계사에 들어가 대법당과 시왕전과 첨성각을 중수하였다. 전에 김군수가 쌍계사의 대루를 파괴해 양서재를 설치하였던 것을 기묘년(1879)에 이부사가 도임하여 양서재를 헐고 도로 절에 반환하고 또 힘을 도와 중수하였다고 한다. 선사는 1896년 77세로 열반에 드셨는데 다음과 같은 임종게를 남겼다.

헛된 한 생각이 빚은 73년 생애
창밖의 벌처럼 떠든 것도 부질없어라
문득 저 언덕에 올라가면서
아, 바다 위에 뜬 물거품임을 알았네.

송광사의 우담홍기대사
(1822-1881)

스님은 순조 22년(1822) 3월 경북 안동군에서 태어났는데 휘는 홍기, 호는 우담, 성은 권씨다. 15세에 소백산 희방사의 자신스님에게 머리를 깍았다. 스님은 이때 학식이 깊었던 터여서 스스로 『보조초심장』과 『원효발심장』, 『야운자경장』 등을 열람하는 등 본격적인 경학공부를 시작하였다. 팔공산에서 『사교』를 배운 후, 공부처를 찾아다니던 우담 스님의 발길은 오랜 세월 선풍(禪風)을 떨쳐왔던 수선사에 이르러 멈추었다. 승주 송광사에 머물며 지봉 선사 문하에서 선지 참구를 시작하였던 것이다.

우담 스님은 침명 화상의 강연에서 교학을 공부하고 인파율사의 계단에서 선을 배웠으며 연월 선사의 도량에서 향불을 지피고 의발을 전해 받은 뒤 개당 설법을 시작하였다.

헌종 14년 송광사에서 연월대사의 법인을 받고 광원암에서 개강했다.

당시 구암사의 백파스님(1767-1852)이 66세 되던 해에 출간한 『선문수경』은 그때부터 이의 시비를 둘러싼 커다란 논쟁을 불러 일으켜 이

논쟁은 1백 년이 지나도록 지속되었다. 백파의 『선문수경』의 선론을 반박하기 위하여 초의스님이 『사변만어』 1권을 지었으며 이에 대해 우담 홍기스님도 초의의 입장을 지지했다. 그러나 이런 우담홍기의 주장에 대해 다시 설두스님이 『해정록』 1권을 지어 『사변만어』, 『선문증정록』의 선론을 반박하였다. 논쟁은 여기에 그치지 않고 법주사의 축원스님(1861–1926)이 다시 『선문재정록』을 지어 초의 우담의 선론에 입각하여 백파 설두의 선론을 논박하였다.

고종 13년 봄에 스님은 『선문증정록』을 저술하여 백파스님으로부터 여래 반분좌로써 제1구 조사선을 삼고, 살인도로써 제2구 여래선을 삼고, 제연단부 분답으로써 달마의 초전을 삼았음에 반박하고, 다시 재래의 통설 곧 여래의 3처전심과 달마의 3처전심으로써 제1구 조사선으로 환원시키어 학자의 의문을 제거해 주었다.

우담홍기스님은 삼처전심(제1처전심; 반분좌, 활인도/ 제2처전심 거(擧)염화, 살인검/ 제3처전심, 곽시쌍수)이야말로 선문의 원천이라고 한다. 원천이 맑으면 흐르는 물도 맑으며 또 의리선 격외선 여래선 조사선의 사변은 선문의 이름이라. 이름이 바르면 선의 실지가 바르게 될 것이라고 하였다.

그는 초의처럼 조사선은 곧 격외선 도리요, 여래선은 곧 의리선 도리라고 보아야 한다는 것이다. 선교의 상대하는 개념이나 선교에 일치하는 개념은 모두 여래선을 넘지 못한다. 그 이유는 그 선은 어디까지나 교에 의지하게 되기 때문이다. 그러면 무엇에서 조사선을 찾아볼 수 있을까. 그것은 상대가 끊어진 삼처전심으로 비로소 조사심법을 아는 것이라고 한다. 그는 격외 조사선은 곧 교외별전으로 '일미선(一味禪)'이며, 여래선은 '산산 수수 법법 전진(山山 水水 法法 全眞)'으로 전적으로 옳은 그대로를 뜻 한다'고 주장한다.

백파의 저서 『선문수경』에서 선을 조사선 여래선 의리선 등의 3종으로 나누어 파악하였다. 초의스님은 선을 이처럼 3종으로 변별하는 것은 잘못이라고 지적하고 오히려 조사선 여래선 격외선 의리선 등 사변으로 변별하는 것이 타당하다는 선론을 폈던 것에 대해 홍기스님은 지지하였던 것이다. 홍기스님은 평소에는 말이 없었으나 종교를 말하거나 선지에 이르게 되면 달변으로 바뀌었으며, 의식이 매우 검소하였고 밤에는 불서만 읽었다고 한다.

고종 18년에 송광사에서 입적하시니 세수는 60년이요 승납은 45년이다. 이러한 100년간의 선의 논쟁의 중심은 바로 순창 구암사의 백파선사에서 비롯했으며, 해남 대흥사의 초의대사가 이에 대해 반론을 펼치고 우담스님이 가세하여 학문이 높아졌다.

구암사의 설두 강백
(1824-1890)

온 산에 초록물이 들어가고 벚꽃은 만개하여 화창하다. 순창의 구암사와 영광의 불갑사는 한말 설두스님의 자취가 남은 아름다운 곳이다. 스님의 법명은 봉기(奉琪)이고 자는 유형(有炯)이며 설두(雪竇)는 법호이다. 성은 완산 이씨로서 조선 순조 24년(1824)에 전남 곡성 옥과에서 태어났다. 나이 열일곱 살 되던 해에 장성 백양사로 입산하여 정관쾌일(正觀快逸)대사의 문하에서 수학했다.

설두스님은 선암사의 침명 강백의 강석을 찾아가 사교(四教)의 의문점을 해소하고 그 뒤 순창 구암사 백파 스님의 선담(禪談)법회에 참석, 대교(大教)의 난관을 해결하였다. 28세에 백파의 강석을 이어받아 화엄강주가 되어 학인을 20여년 동안 지도하였다. 1870년 각진국사의 옛 도량으로서 퇴락하여 빈터로 남아있던 영광의 모악산 불갑사로 주석처를 옮겨 사찰의 면모를 일신하였는데, 고창 연기사터에 있던 사천왕상을 옮겨 모셔와 불갑사에 봉안하기도 했다.

이무렵 백파의 『선문수경(禪門手鏡)』에 대한 반론으로 초의의 『사변만어(四辨漫語)』와 우담의 『선문증정록禪門證正錄』이 나와 백파의 선론(禪論)을 비판하였다. 이때 설두는 다시 『선원소류(禪源溯流)』를 지어 스승인 백파의 선론을 옹호하였다. 초의는 백파의 삼종선(三種禪: 祖師禪, 如來禪, 義理禪)으로 분류하는 것을 인정치 않고 이종선(二種禪: 祖師禪과 如來禪, 格外禪과 義理禪)으로 나눌 수 있으며 조사선(祖師禪)은 격외선(格外禪)과 같고, 여래선(如來禪)은 의리선(義理禪)과 같은 것이라고 보는 견해를 펼쳤다. 이와 같이 처음부터 근원적으로 입장을 달리하고 보니 이 논쟁은 크게 전국적으로 확산이 되어, 한바탕 조선조 말기에 선의 논쟁이 일어나 급기야는 사원에 양대 선론이 팽배해졌다.

설두는 선은 조사선과 여래선 의리선으로 나눌 수 있으며, 조사선은 언어나 상상의 세계로 그릴 수 없는 경지이나 여래선이 조사선과 동일할 수 없다고 했다. 그는 화엄경의 분류에 따라 사법계 이법계는 의리선이라고 하였고, 이사무애법계는 여래선, 사사무애법계는 조사선이라고 판석하고 있다. 그는 백파 스님의 행장을 알리기 위해 선운사에 대기대용(大機 大用)의 비석을 세우고 어제어필(御製御筆)의 각(閣)을 건립하였으며 『기신론』을 대대적으로 간행한 예를 본받아 『염송집』의 판역(板役)을 주선하였다.

1889년 양주 천마산에서 『선문염송』 강회를 베풀고 강독하였으며, 그곳에서 『선원소류(禪源溯流)』와 『염송회편』을 저술하였다. 그해 가을 구암사로 돌아와 입적하였다.

추사의 예상처럼 설두문하에서는 근세의 뛰어난 용상들이 많이 나왔으니 다륜, 설유, 금화, 학명, 석전 박한영 스님 등이다.

충남 예산의 추사고택에 가면 '해저니우(海底泥牛) 함월주(含月走) 곤륜기상(崑崙騎象) 노사견(鷺絲牽)'(바다 밑으로 진흙소가 달을 물고 달리고 곤륜산에서 코끼리 타니 백로가 고삐를 끈다)이라는 주련이 있는데 이것은 '설두지송(雪竇持誦)'으로 그의 선사로서의 면모를 잘 말해준다. 직지사박물관에 소장된 여러 경전 가운데『주화엄법계관문인명입정리론합본(注華嚴法界觀門因明入正理論合本)』이란 경전 1책에는 구절마다 조사, 어미, 접사의 기능을 하는 토(吐)가 달려있다. 이 토는 헌종 14년(1848)에 설두스님이 단 것이다.(道光二十八年戊申元月一 順昌龜巖寺靈波後人雪竇奉聞懸吐). 24세였던 설두유형은 백파긍선에게『화엄경』의 법문을 구했을 때 스승에게서 이 책을 권유받았거나 스스로 참고하면서 공부하던 자취인 것이다.

조선말기 한국불교계의 중심에 있었던 설두 유형스님의 자취는 순창의 영구산 구암사에 조촐한 부도탑만이 남아있고, 구암사는 인근 백양사에 비해 사세가 미약하여 아쉬운 일이지만 그분이 뿌린 씨앗이 훌륭한 후학들에 의해 아름답게 꽃피었다.

경허선사鏡虛禪師
(1849-1912)

푸르름과 단풍을 자랑하던 숲들도 어느새 홀가분하게 한때의 영화를 잊고 겨울준비에 들어가고 있는 초겨울이 되었다.

가을의 계룡산 역시 긴 겨울 채비로 들어선 지금 경허선사를 생각해 본다. 스님은 조선후기에 한국불교를 중흥시킨 대선사로 성은 송씨이며 속명은 동욱(東旭), 법호는 경허(鏡虛)로 전라북도 전주출신이다.

태어난 해에 아버지를 잃었으며, 9세 때 과천의 청계사(淸溪寺)로 출가하였다. 계허(桂虛)스님 아래서 성장하다가, 계허스님이 환속하면서 14때부터 계룡산 동학사의 만화강백(萬化講伯) 밑에서 배웠으며, 9년 동안 그는 불교의 일대시교(一代時敎)뿐 아니라 유서(儒書)와 노장(老莊) 등의 외전도 섭렵하였다.

1879년에 옛 스승인 계허를 찾아 서울로 향하던 중, 심한 폭풍우를 만나 가까운 인가에서 비를 피하려고 하였지만, 마을에 돌림병이 유행하여 집집마다 문을 굳게 닫고 시신이 즐비했다. 스님은 죽음이 공포와 위협에 시달리다가 이제까지 생사불이(生死不二)의 이치를 문자 속에서만 터득하였음을 크게 반성하고 새로운 비장한 각오의 발심(發心)을 하게 되었다. 이로부터 다시 동학사로 돌아와 학인들을 모두 돌려보낸 뒤 조실방(祖室房)에 들어가 용맹정진을 시작하였다. 창문 밑으로 주먹밥이 들어올 만큼의 구멍을 뚫어놓고, 한 손에는 칼을 쥐고, 목 밑에는 송곳을 꽂은 널판자를 놓아 졸음이 오면 송곳에 다치게 장치하여 수마를 극복하면서 용맹정진하였다.

석달째 되던 날, 제자 원규(元奎)가 동학사 밑에 살고 있던 이처사(李處士)로부터 "소가 되더라도 콧구멍 없는 소가 되어야지."라는 말을 듣고 의심이 생겨 그 뜻을 경허스님에게 물었다. 이 물음에 이상하게 모든 의심이 풀리면서 오도(悟道)하였다. 그뒤 천장암(天藏庵)으로 옮겨 다시 한번 깨달음을 보임(保任) 하였다. 그때에도 얼굴에 탈을 만들어 쓰고, 송곳을 턱 밑에 받쳐놓고 매서운 좌선을 계속하였다. 1886년 스님은 6년 동안의 보임공부(保任工夫)를 끝내고 옷과 탈바가지, 주장자 등을 모두 불태운 뒤 세상에 다시 돌아온다.

그러나 스님은 속인의 눈에는 이해되지 않는 무애행이 많았다. 예컨대 문둥병에 걸린 여자와 몇 달을 동침하였고, 여인을 희롱한 뒤 몰매를 맞기도 하였으며 술에 만취해서 법당에 오르는 등의 옹졸한 윤리의 틀을 넘어서는 행적들을 보였다.

사실 이 무애행은 다름 아닌 스님의 자연스런 선(禪)의 생활화·일상화의 하나였다. 산중에서 은거하는 독각선(獨覺禪)이 아니라 대중 속에서 선의 이념을 실현하려고 하였던 것이다. 스님은 법상(法床)에서 행한 설법뿐만 아니라 대화나 문답을 통해서도 언제나 선을 선양하였고, 문자의 표현이나 특이한 행동까지도 선으로 겨냥된 방편이요, 작용이었다. 경허선사의 선풍에 의해 조사선의 선풍은 새로이 일어났고,

그의 문하에도 많은 선사들이 배출되어 새로운 선원들이 생겨났다.

오늘날 덕숭산을 비롯한 불교계의 선승(禪僧)들 중 대부분은 그의 문풍(門風)을 계승하는 문손(門孫)이거나 간접적인 영향을 받고 있다. 스님은 근대한국불교사에서 큰 공헌을 남긴 중흥조라 할 것이다. 선을 사기(私記)의 형식으로 기술하거나 구두로만 일러오던 시대에 선을 생활화하고 실천화한 선의 혁명가였으며, 불조(佛祖)의 경지를 현실에서 보여준 선의 대성자이기도 하였다.

만년에 천장암에서 최후의 법문을 한 뒤 사찰을 떠나 갑산(甲山)·강계(江界) 등지에서 머리를 기르고 유관(儒冠)을 쓴 모습으로 살았으며, 박난주(朴蘭州)라고 개명하였다. 그곳에서 서당의 훈장이 되어 아이들을 가르치다가, 1912년 4월 25일 새벽에 임종게를 남긴 뒤 입적하였다. 자신이 남긴 거대한 이름과 선의 발자취까지도 지우려 했던 것이다.

화려한 신록과 단풍을 훌훌히 벗어버리는 겨울나무처럼.

구한말의 고승

대각사의 용성선사(1864–1940)
내장사의 백학명(1867–1929)선사
석전(石顚) 박한영 화상(和尙,1870–1948)
덕숭산의 만공선사(1871–1946)
백양사의 만암대종사(1876–1957)
백담사의 만해 한용운(1879–1944)

대각사의 용성선사

백용성(1864-1940)선사는 1864년 음력 5월 8일 전라북도 장수에서 태어났다. 16세 때 해인사 극락암에 가서 혜월을 은사로, 혜조를 계사로 득도 하게 된다. 21세에 그는 통도사 금강계단에서 선곡율사에게 비구계와 보살계를 받게 되고 그 후 조계산 송광사 삼일암에서 하안거 중『전등록』을 보다가 제 3차 깨달음을 증득하게 된다. 23세(1886)의 가을에 낙동강을 지나다가 한 게송을 읊게 되었으니, 송광사 삼일암의 결실이다.

47세 대 지리산 칠불암의 종주가 되었다. 그는 환성 지안(喚醒 志安, 1664-1729)의 법을 이어받았다고 한다. 그는 기본적으로 선을 중시하여 임제의 37대의 법손임을 밝혔다. 태고보우는 58대가 되며 환성지안을 73대가 되어 결국 용성선사는 74대가 된다. 지안선사와는 134년의 간격이 있지만 원사(遠嗣)라고하는 특별함이 있다.

용성선사는 1923-24년 백양사 운문암 선방에서 참선 수행을 하면서, 새로운 모색을 하였거니와, 이 수행의 연장이 다름아닌 망월사에서 전개된 만일 참선결사회였다. 그는 오후불식, 장시묵언, 동구불출 등을 통하여 참선 결사회를 추진하였던 것이다. 용성선사는 독립운동 민족대표 33인 가운데 불교대표로 참가하고, 왜색불교에 대항하면서 불교의 새로운 이미지를 구현하고자 '대각교'를 1921년 창설하였다. 그리고 걸식등의 이웃을 의지하는 방식이 아닌 선농일치를 주장했다.

> "아 우리는 괭이 들고 호무 가지고 힘써 노동하여 자작자급하고 타인을 의뢰치 말자."

당시 일제의 시각이 반영된 식민통치 자료의 성격을 띤 "조선의 유사종교"에서는 백용성이 추진한 대각교를 불교가 아닌 '불교계 유사종교 단체'로 이해했다. 특히 유사종교로 오해되었던 이유는, 바로 대각교회 설립과 대각교 운동(大覺敎運動)이었으며, 심지어는 승적(僧籍)까지 버리면서 이운동에 적극성을 보였다. 이 대각교운동은 그가 감옥에 있으면서 많은 고심 끝에 내린 결론이라고 할 수 있다.

불(佛)을 대각(大覺)으로 보살을 정사(正士)로 불공(佛供)을 성공(聖供)으로 승려를 선생으로 대웅전을 대각성전으로 원장을 원감 등으로 바꾸어 사용하기도 하였으며, 일요법회 시민선방 혹은 어린이 법회 등 기독교의 선교를 응용하기도 했다.

3.1운동시 제반 정황을 살펴보면 용성선사는 운동 추진의 최일선에 나서지는 않았다. 그 일선에서 불교계 대표로 활약한 인물은 한용운(韓龍雲)이었다. 당시 한용운은 천도교 대표이자 33인의 대표로 나선 손병희 최린 등과 함께 그 운동 주도의 중심에 있었다. 이에 백용성은 한용운이 불교계 대표를 주선하는 과정에서 3.1운동의 개요를 전해

듣고 민족대표 가입에 대한 제의를 기꺼이 수락하였던 것이다. 이처럼 그가 한용운의 제의에 대하여 즉각적으로 그리고 흔쾌히 참여한 것은 이전 임제종 운동시 나타난 그의 노선에서 보면 당연한 것이지만 그 이면에는 한용운과의 상호 신뢰성이 개재되어 있었다고 하겠다.

출옥한 후 바로 착수한 것이 역경사업을 위한 삼장역회(三藏譯會)를 개설하였다면, 흥미로운 것은 백용성과 함께 민족대표 33인으로서 옥중에 수감되었던 한용운도 출옥 즉시 추진한 사업이 경전의 번역이었다는 것이다. 그의 역경과 저술을 통한 포교 대중화는 그가 3.1운동으로 일제에 피체되어 수감생활을 마치고 나온 이후 그의 말년까지 지속되었던 것이다.

불경 한글화의 직접적인 동기는 여타 종교의 서적이 모두 한글로 되었지만 불교의 경전은 한문으로 되어 있었다는 비교의식이었다. 그는 수 십년을 한문 공부하여도 미흡한 것이 한문인데, 일반 대중들이 한문으로 된 불경의 진리에 접할 수 없는 근본 문제를 자각하고 불경의 번역 사업에 전념하기로 결심을 하였다

용성선사는 1926년 5월, 대처식육의 허용이 불교 교리에 어긋난 것이며, 조선불교를 망치게 하는 장본으로 인식하고 그의 뜻을 같이하는 승려 127명의 연서를 받아 그를 총독부에 건백서로 제출하였던 것이다. 그 계율의 수호는 자연 당시 불교의 관행을 부정하는 것이었기에 저절로 불교 개혁의 성격을 담보하다는 것이다. 용성 선사는 일제강점기에 산중의 선사이면서도 불교대중화에 몸 바친 스님이다.

내장사의 백학명 선사

(1867-1929)

새해가 되면서 학명선사의 선시 '신년가'가 생각난다.

묵은해니 새해니 분별하지 말게나(妄道始終 分兩頭)
겨울 가고 봄 오니 해 바뀐 듯하지만(終經春到 似年流)
보게나! 저 하늘이 달라졌는가?(試看長天 何二相)
우리가 어리석어 꿈속에 사네 (浮生自作 夢中遊)

신년가

스님은 1867년 전남 영광에서 출생했다. 순창 구암사의 설두화상의 설법을 듣고 크게 감명을 받은 후 출가를 결심했으며, 불갑사에서 금화화상의 상좌가 되어 고행했다.

1900년 나이 34세 되던 해 구암사 금화화상의 뒤를 이어 불교강사직을 맡아보기도 했다. 그러나 불교의 대의가 생사 해탈에 있음을 깨닫고 학인들을 해산시킨 후 밤낮을 가리지 않고 참선하여 큰 깨침을 얻었다. 내소사, 월명암, 백양사 운문암 등에 선원을 설립하고 선풍을 진작하였으며, 그 시대 일본의 대선사 종연스님의 법거량에 상대하여 해동 대선사의 기개를 떨쳐 일본 고승의 콧대를 납작하게 하였으니, 그때가 1914년 봄이었으며 중국과 일본의 유명한 사찰을 돌아보았던 것이다.

1923년 내장사에서 반농반선(半農半禪)의 사상을 가르쳤다. 그는 백장선사의 '일일부작(一日不作)이면 일일불식(一日不食)'이라는 가르침을 따라 참선과 농사일을 겸행해야 함을 주장했다. 스스로 농사지으며 참선하였던 것이다. 그는 여지껏 불교계는 기존의 토지에서 나오는 곡식을 선량원(禪糧源)으로 삼거나 시주자들의 불공으로 생활해 왔었는데 사문이 직접 농사일을 함으로써 선량 확보에 있어 혁신적인 단안이 되었다.

그 실행의 성격을 가늠할 수 있는 글, 「독(獨)살림 법려(法侶)에게 권함」이 주목된다. 그 내용은 승려들이 도(道)와 덕(德)을 닦고 공심(公心)과 정도(正道)를 행할 것을 지적하면서 계정혜(戒定慧) 삼학(三學)의 강조, 대처승의 사부중(四部衆)의 소속을 명백히 할 것, 주지와 승려의 임무 및 본분사 회복 등의 강조임을 보면 그의 입장은 근본·보수적인 불교발전을 통한 불교개혁이었음을 알 수 있다.

그는 제자들에게 당시 불교의 개신 방안을 통론(痛論)하면서 늘 '선문규제(禪門規制)부터 갱정(更正)하는 것이 급무(急務)'라고 강조하였다. 이러한 판단에서 그는 내장사 선원의 운영 시에는 선원의 규제를 엄정히 하고 시간노동을 실행하였더니 오히려 참가 선중이 기피하였다고 한다. 승려들의 나태와 무노동을 '통병(通病)'으로 인식하고 그를 교정키 위한 대안으로 선농(禪農)을 제시하면서, 자신부터 그를 실천하겠다는 강력한 의지를 피력하였다. 이로써 그의 반농반선은 승려들의 의식 개혁, 그리고 그를 선원에서 실천하고자 한 불교개혁이었던 것이다.

당시 내장사 선원의 규칙에는 선원의 목표를 반농반선(半農半禪)으로 했으며, 일상생활은 오전에 학문, 오후에 노동, 야간에는 좌선의 삼단계로 했다. 또한 동안거(冬安居)는 좌선을 위주로 하고, 하안거(夏安居)는 학문과 노동위주로 했으며, 파계(破戒), 사행(邪行), 나성(懶性), 기타 폐습은 일체 엄금함으로써 일제하에 흩으러진 계율을 엄정히 함으로써 한국선종의 전통을 이었다. 그의 반농반선 사상은 만암 스님에게 이어졌으며 또한 원불교의 소태산에게도 이어졌다.

학명선사의 용모는 꼭 달마상을 닮았었다고 한다. 평소에 달마상을 그리기 좋아했던 스님은 입적하기 전날도 달마도를 그렸다. 입적한 날은 자리에 몸을 눕히고 제자인 운곡에게 원각경을 외우도록 하여 독경 속에 미소를 지으면서 고요히 열반에 들었다. 내장사에서 다비를 했는데 사리 70여과가 나왔다.

석전石顚 박한영 화상和尙
(1870-1948)

영호당 박한영 스님은 조선왕조의 국운이 기울어 가던 고종 7년(1870년) 전북 완주군 초포면 조사리에서 태어났다. 1888년 19세 되던 해 전주 태조사에서 금산화상의 법제자가 되어 법호를 정호(鼎鎬)라고 하였다. 1890년 운문암의 환응스님에게 사교를 배웠고 1892년부터는 선암사의 경운스님에게서 대교를 배웠다. 26세(1895)에 구암사의 설유(雪乳) 허명(處明)스님(1858-1903)으로부터 일찍이 추사 김정희가 백파스님에게 전한 '석전(石顚)'의 호를 받았는데, 이는 백파스님이 "훗날 법호 가운데 도리를 깨친 자가 있으면 이로써 호를 삼으라'는 부탁에서 설처 유명 스님에게 유전되어 박한영 스님에 와서 그 이름이 전수된 것이라고 전해진다.

1908년 39세 되던 해 서울에 올라와 불교개혁운동에 참여하게 된다. 스님은 43세 되던 1912년에는 중앙불교전문학교의 교장에 취임하였다. 57세 되던 1926년을 서울 안암동 소재 개운사 대원암에 참다운 불교인의 양성을 위한 불교전문강원을 설립하였고, 1929년 60세에는 조선불교 敎正에 취임하여 조선불교 최고 지도자로서 폭넓은 도량으로 종단을 이끌었다. 1932년 동국대학교의 전신인 불교전문학교 교장으로 취임했다.

그는 불교강원에서 20여 년 간 불교이 지도적 영재를 배출하니 그곳에서 청담, 운허, 서경보, 조종현 스님을 비롯하여 서정주, 신석정, 조지훈, 김달진, 김어수 등을 배출했다. 당시 가까이 사귄 명사로는 최남선, 정인보, 변영로, 홍명희, 오세창, 권동진, 김경희, 안종원, 민형식, 윤희구, 여귀형 등을 들 수 있다.

또한 일본불교에 맞서 한국의 전통선종인 임제종을 선양하였으며 만해(萬海) 한용운과의 두터운 관계는 남다른 데가 있었다. 그렇지만 만해의 대처육식에 대해서는 강하게 부정하여 계율정신에 투철했다. 스님은 평생 여자 신도들과 접촉하지 않을 정도로 엄격했다.

광복을 맞이하여 새롭게 조직된 조선불교 중앙총무원 초대 교정(敎正)에 취임하여 한국불교의 새로운 종단을 이끌었다. 76세시 정읍 내장사와 1948년 세수 79세로 사바세계와 인연을 다하니, 법랍 61년이었다. 스님은 참된 계율정신, 이타행, 학교설립, 포교, 자급자족, 자선사업 등의 구세제민 사상에 적극적인 관심을 가졌다.

스님은 불교가 부활, 진흥의 시대를 맞기 위해서 즉 생활 속의 불교는 교학의 연구나 포교, 교육 청년에 대한 제반 문제 등에 좀더 적극적인 자세를 촉구했다. 스님은 불교인 자체의 정신적 몰락을 공고(貢高; 자만심) 나산(懶散; 나태)과 위아(爲我; 이기주의)와 간린(慳吝; 인색함)과 장졸(藏拙;감춤)의 다섯 가지로 분류하고 있다. 첫째로 자만심(貢高)을 버려야하며 마음을 비우고 널리 배우라(虛心博學)고 하였다. 시대변천에 따르는 학문과 문화를 이해하려는 노력없이 승려들의 직분이 최고의 자리라고 하여 자만심에 빠져 있는 사고방식을 비판하였다. 둘째로, 나태(懶散)를 버려야하며 용맹정진하라고 하였다. 셋째는, 이기주의(爲我)를 버리고 망아이생(忘我利生)하라고 하였다. 위아(爲我)라고 하는 것은 자기만을 위하는 자리적(自利的)인 태도로 공동체 의식이 결여된 독선적인 사고방식이다. 넷째는, 인색(慳吝)을 버리고 희사원통(喜捨圓通)할 것을 지적하였다. 다섯째, 문명사회에 활보하기 위해서는 감춤(藏拙)을 버리고 널리 묻고 배우기를 좋아해서 출가한 역량을 갖추어야 한다는 것이다. 장졸이라 하는 것은 자기의 단점을 숨기려고 함을 말한다. 즉 자기에게 결점이나 단점이 있으면 스스로 그것을 발언 참회할 수 있는 종교인의 자세가 되어야 한다고 가르쳤다. 이런 다섯가지 태도야말로 박한영 스님의 일생에 실천해온 불교정신 바로 그것이었다.

스님은 평생 책을 놓지 않고 공부했으며, 부지런히 교육하고 정진했으며, 자신의 명리를 초월해서 후학들을 양성했고, 그가 가진 모든 것을 바쳤으며, 권위주의를 버리고 항상 소탈하게 제자들과도 어울렸지만 철저히 불교의 계율을 수지했다.

덕숭산의 만공선사

(1871-1946)

만공은 그의 스승 경허(1849-1912)에게서 받은 법호요, 사미계의 불명은 월면(月面)이며, 속명은 도암(道岩)이다. 전북 태인읍에서 1871년 3월 7일 출생하였다. 14세 때 전주 봉서사에 이르렀으나 인연이 맞지 않아 전주 송광사로 발길을 돌렸다. 송광사에서 다시 논산 쌍계사의 진암 노사(眞岩 老師)에게 갔으며, 그곳에서 다시 계룡산 동학사로 옮겼다. 동학사에서 경허를 만나 경허의 속가 친형인 태허가 있는 충남 서산의 천장사로 안내되어 그곳에서 태허를 은사로, 경허를 계사로 사미승이 되었다.

23세(1893) 때에 '만법귀일 일귀하처(萬法歸一 一歸何處)'를 화두로 선 수행을 했으며, 온양 봉곡사에서 '일체유심조'를 외우다가 중생심의 고정적 관념이 무너지고 천지가 새로 열리는 첫 번째 깨달음의 법열을 경험하였다. 이후에는 조주의 주자(無字)화두를 경허스님으로부터 받았으며, 언제나 무심을 강조했다. "백년의 연구가 일분간의 무념처(無

念處)에서 얻은 한 날 이것만 못하다."라거나 "나의 현재 생활이 일체 세계다. 현재생활에서 자족(自足)을 못 얻으면 다시 얻을 도리가 없다" 라고 하는 것이 무심의 가르침이다.

31세(1901)때 통도사 백운암에서 새벽 종성소리를 듣고 두 번째의 큰 깨달음을 경험하였으며, 34세때 경허로부터 만공이라는 법호와 함께 전법게를 받았다. 금강산 유점사 마하연에서 3하안거를 지내고 다시 덕숭산으로 돌아와 서산 간월도에 간월암을 중창하고 주석하기도 했다. 말년에는 덕숭산 전월사라는 작은 토굴에서 지내다가 세수 75세(1946)에 입적하였다.

스님이 마곡사 주지로 계실 때 조선총독부에서 본산 주지회의가 있었는데 그때 총독부에서 불교합병을 거론하자, 대갈을 하고 일본불교와 합병의 부당성을 설파한 분이 바로 만공스님이다. 그는 "부처님이 이르시기를 청정 비구 하나를 파계시켜도 무간지옥에 떨어진다고 하셨거늘 조선승려 7천 명을 파계시킨 데라우찌 전임 총독은 과연 지금 어디에 가 있겠는가?

무간아비지옥에서 한량없는 고통을 받고 있다는 것을 어찌 모르는가?"라고 하면서 "조선불교는 청정비구 교단이거늘 어찌 감히 취처, 육식, 음주를 일삼는 일본불교와 병합시키려 하는가."라고 했다.

스님은 1946년 입적하시기 전에 '세계일화'라는 이야기를 하면서 불교의 자비정신을 강조했다.

"지렁이 한 마리도 부처로 보고, 참새 한 마리도 부처로 보고, 걸인도 나병 환자도 부처로 보고, 심지어는 저 미웠던 왜놈들까지도 부처로 봐야 할 것이요, 다른 종교를 믿는 사람마저도 부처로 봐야 할 것이니, 그리하여 세상 모두가 편안한 것이니라."

그러나 이러한 자비심의 바탕에는 놀라운 극기의 고행이 있지 않으면 안 된다고 가르쳤다.

"사람을 대할 때는 자비심으로 대하여야 하지만, 공부를 위하여서는 죽음을 각오한 극히 악하고 극히 독한 마음을 먹어야 한다."고 했다.

만공선사는 선에는 세 가지 조건이 필요하다고 강조했다. 그것은 도량(道場), 도사(道師), 도반(道伴)이다. 도사는 선지식이 필요하다는 것이다. 참선은 절대로 혼자는 하지 못하는 것이며, 반드시 선지식(善知識)을 여의지 말고 인생 문제를 비롯하여 일체 문제에 걸림이 없이 바른 가르침을 받아야 한다고 했다. 그리고, 도반(道伴)의 감화력은 선생의 가르침보다도 강한 것이라고 했다.

일제강점기에 만해 한용운이 현실정토 실현을 향한 적극적인 현실참여의 행동을 보인 반면에, 만공은 그 현실정토의 근원으로서의 마음정토를 참선을 통해 지도하려고 하였으며, 그의 법맥은 덕숭산은 물론 현대한국불교에 큰 획을 긋고 있다.

백양사의 만암대종사

(1876-1957)

백양사의 만암스님은 해방 후 대한불교 조계종의 초대 종정을 지내신 큰 스님이시다. 호는 만암(曼庵)인데 이는 추사가 백파선사에게 미리 준 호중의 하나로 백파문손이 아닌 연담의 후학인 스님이 받게 되었다. 스님은 스스로를 일휴(一休) 혹은 목양산인(牧羊山人)으로 썼다.

만암 이전의 호는 종헌(宗憲)이었으며, 속성은 여산 송씨이다. 전북 고창에서 가난한 농부의 4째 아들로 1876년(고종 13) 1월에 태어나, 10세의 나이에 백양사에 출가했다. 스승은 취운도진(翠雲 道珍)이었으며, 16세에 구암사의 박한영스님에게 수학했다. 선은 백학명 선사에게 인가받았다. 1910년 한일합방 당시에 청류암에 광성의숙을 세워 일반 불교강의는 물론 외전인 한국사, 지리 혹은 측량 등을 강의해 애국계몽사상에 투철했다. 1920년 백양사의 주지가 되어 백양사 중창불사에 심혈을 기울였으며, 승가의 걸식을 반대하고 백학명선사의 반농반선(半農半禪)의 정신을 이어받아 사원경제에 있어서 자급자족의 기틀을 세웠으며 평생을 검소하게 지냈다.

만암스님은 백장청규의 전통을 이어 '하루 일하지 않는자는 하루 먹지 않는다'는 수행정신에 충실하였을 뿐만 아니라, 백양사 대중들이 반드시 조석예불에 참여함은 물론 계율과 참선 그리고 운력에 참여하게 하고, 모든 일을 추진함에 대중공사를 통해 투명한 사찰운영을 하여 승가의 위상을 높였다. 또한 스님은 한국선종의 정통성을 수호하기 위해 진력했는데, 조계 혜능의 법맥을 이은 임제선을 정통으로 보았으며, 동시에 한국선종의 초조라 할 수 있는 도의국사 진영을 모시고 선의 정신을 창달했다. 뿐만 아니라 종단분규의 와중에서 태고보우국사가 선종의 정통에서 제외된 것을 개탄하는 등 전통의 수호에 진력했다. 구암사에 있던 연담진영을 백양사로 옮겨온 것도 바로 자신의 스승에 대한 올곧은 전통을 수호하려는 의지의 발로였다. 백양사 문전의 '이뭣꼬'는 바로 스님이 평생 수행한 화두선의 화두인 것이다.

만암스님의 업적은 교육에 대한 열정이었다. 1928년 동국대학교의 전신인 불교전수학교가 설립되자 교장이 되어 4년간 후진 양성에 애썼으며, 호남 고불(古佛)총림을 결성하여 불교정화 작업을 시작했는데, 이것이 실질적인 조종 정화 운동의 효시이다. 71세의 나이인 1947년에 전남의 5대본사의 정재를 모아 정광중, 고등학교를 설립하여 7년간 교장을 역임했다.

이 당시 조계종의 종헌에서 교화승(대처)과 수행승(비구)의 구분을 둠으로써 대처승을 수용할 수 있는 근거를 두었다. 종정을 역임하던 시기 부종정에 동산 혜일(東山 慧日), 도총섭에 청담 순호(靑潭 淳浩)를 선출하여 정화운동을 추진키로 했다. 그러나 종조문제에 대한 견해차이로 인해 태고보우를 종조에서 바꾸는 것에 반대하여 종정직을 버리고 백양사로 내려왔다. 1957년 1월 22일(음력 12월 22일) 나이 82세, 법랍 71년 눈이 내리는 날 입적했다. 백양사 전통의 다비 후 사리 8과가 나와 제주와 백양사에 봉안했다.

지금의 백양사는 만암스님의 자취가 그대로 남아있다. 거의 모든 건물이 만암스님의 생애를 통해 이루어진 불사였다고 해도 과언이 아닐 것이다. 대웅전 뒤의 8층 사리탑은 부처님의 사리를 모신 것인데, 8정도를 의미한 것이다. 쌍계루 앞의 아름다운 못도 만암스님의 깊은 뜻이 있다. 그 못을 만든 가장 큰 목적은 보리고개 넘기 어려운 배고픈 시절 농민들에게 일거리를 제공하여 식량을 주기 위한 방편이었다. 가난한 이웃뿐만 아니라 산짐승들에게도 자비행을 실천했다. 만암스님의 생애는 은둔적 불교가 아니라 사회에 적극적으로 참여하는 것으로 스님의 동체자비정신을 엿볼 수 있다.

백담사의 만해 한용운

(1879-1944)

만해 한용운은 1879년(고종 16년) 충남 홍성에서 태어나서 해방직전인 1944년 서울에서 입적한 독립지사이자 시인이며 승려였던 인물이다. 암울한 식민지 시대에만 살다간 그의 생애는 철저한 독립의지와 극일의지로 일관되었다. 1940년대 내선일체(內鮮一體)라는 미명으로 일본국화되어 가는 절망적인 시기에 그가 지킨 민족의 자존심과 민족문화의 창달은 오늘 극일의 시점에서 훌륭한 사표가 될 것이다. 만해(萬海)는 법호(法號)이다. 이것은 그가 승려임을 말해 준다. 불교에서는 진리를 바다에 비유한다. 바다는 넓고 깊고 크면서도 한 맛(一味)를 가지고 있고, 그 깊은 곳에 무수한 생명을 살린다. 온갖 지저분한 잡물(雜物)을 다 받아들이면서도 그의 맛을 변치 않는 것이 바다이다. 만해(萬海)는 호처럼 큰 보살이었다.

용운(龍雲)은 그의 법명이다. 승려가 되면 속가에서 쓰던 이름을 버리고 새로운 이름을 갖게 된다. 그는 27세에 속인 한유천(韓裕天)의 이름을 버리고 또한 충남 홍성 한응준(韓應俊)의 둘째 아들로서의 역할을 버리고 아내와 아들을 뒤에 둔 채 설악산 백담사로 선뜻 들어가 만해 한용운으로 거듭 태어났던 것이다.

그는 이미 7세에 『대학』을 읽으면서 정자(程子)의 해석이 마음에 들지 않는다고 먹칠을 한 신동이었다. 그러나 쇠잔해 가는 이 땅에서 그의 천재적 두뇌와 불타는 기개를 받아줄 곳은 초라한 백담사의 숲 뿐이었는지도 모른다.

참선과 경전을 함께 공부하는 선교일치적 한국불교의 전통에 따라 그는 새로이 교육받게 되고 1908년 30세에 일본의 조동종(曹洞宗, 현 고마자와 대학) 대학에 들어가 불교와 서양철학을 공부하고 6개월 만에 귀국한다. 유명한 그의 '조선불교유신론(朝鮮佛教維新論)'은 이 일본유학에서 받은 자극으로 쓰게 된다.

한용운의 연보에서 가장 중요한 사건은 1919년 3월 1일 그가 민족대표 33인 가운데 주동적인 한 사람으로 참여하는 일이다. 그는 이상재와 손병희를 찾아가 참여하도록 권유했던 사람이고 최남선이 작성한 독립선언문 후미에 공약 3장을 첨가하여 최후의 일각까지 최후의 일인까지 광명정대(光明正大)하게 독립의 의지를 관철하자고 웅변했던 지사였다.

일본인 검사와 한용운의 일문일답은 가슴을 설레게 하고 그리고 통쾌하게 해준다. 1911년 3월 11일 경무총감부(警務總監部)의 검사 카와무라 시즈나가(河村靜永)와의 일문일답이다.

> 카와무라: 피고는 금후에도 조선의 독립운동을 할 것인가?
> 한: 그렇다. 계속하여 어디까지든지 할 것이다. 반드시 독립은 성취될 것이며, 일본에는 스님에 겟쇼(月照)[4]가 있고 조선에는 스님에 한용운이 있을 것이다.

4) 겟쇼(月照,1813-1858)는 幕末期의 尊皇攘夷派의 승려이다.

감옥에 들어가 취조를 받게 되면 보통 사람들은 의기소침하여 구구한 변명을 늘어놓기 일쑤이다. 그러나 만해의 가슴을 더욱 펄펄 뛰놀고 있다.

1919년 5월 8일 경성지법 예심판사 나가시마 유조(永島雄藏)와의 문답을 다시 한 번 살펴보자.

> 나가시마: 피고는 금반 계획으로 필벌(必罰)될 줄 알았는가?
> 한: 나는 내 나라를 세우는데 힘을 다한 것이니, 벌을 받을 리 없을 줄 안다.
> 나가시마: 피고는 금후에도 조선독립운동을 할 것인가?
> 한: 그렇다. 언제든지 그 마음을 고치지 않을 것이다. 만일 몸이 없어진다면 정신만이라도 영세(永世)토록 가지고 있을 것이다.

만해는 3.1 운동으로 8년간의 옥고를 치르게 된다. 세월이 흘러 1940년대가 되던 3.1운동의 민족대표 가운데도 창씨개명을 하는 인사들이 나타난다. 독립에 대한 의지가 없어지고 이제는 독립의 가능성이 없으리라는 절망의 시기에도 만해 만큼은 굽히지 않는다. 그만큼 독립에 대해 확신을 했고 끝까지 절개를 지켰다.

1944년 인생의 황혼녘 해방의 감격을 누리지 못하고 재혼한 아내와 어린 딸을 둔 채 한마디의 유언도 없이 숨을 거두었다. 그 어두운 식민지 시대에 민족을 위해 순교한 그에게서 바람직한 극일(克日)의 자세를 찾는 것은 어렵지 않다.

조선왕조 500년 간에 걸쳐 쇠잔해온 한말의 불교는 그 옛날 신라나 고려의 정신적 지주가 된 불교와는 거리가 멀게 되었고 임진왜란 때 서산대사나 사명대사의 호국불교의 기상도 찾을 수 없게 된다. 이런 환경속에서 만해는 50세의 나이로 일본에 유학을 가게 된다. 평생 일본어를 사용하지 않았고 지기들이 사용하는 것도 용납하지 않았던 그는 일찍이 일본에 대한 지식을 쌓았던 것이다. 그는 일본유학을 통해서 일본의 불교가 그들의 군국주의 체제와 표리관계를 이루고 있는 사실에 대해 놀라운 발견을 하였고, 일본에서 귀국한 후 친일파 이회광(李晦光) 일당의 한일불교 합종 음모를 앞장서서 분쇄할 수 있게 된다. 말할 것도 없이 일본불교의 정교일치(政敎一致)의 체제가 군국의 구심점을 지향한다는 사실을 명료하게 알았기 때문이다. 이처럼 일본유학으로 얻은 일본에 대한 지식이 극일정신의 원천이 되었던 것이다.

3.1운동으로 수감되어 옥중에서 기록한 만해의 '조선독립의 서(書)' 가운데는 이런 글이 있다.

> "조선의 문명이 일본에 미치지 못함은 사실인 즉 독립한 후에 문명을 수입하려면 일본을 외면하고는 달리 길이 없을 것이다. 왜냐하면 서양 문명을 직수입하는 것도 절대로 불가능한 일은 아니나 길이 멀고 내왕이 불편하며 언어 문자나 경제상 곤란한 일이 많기 때문이다. 일본으로 말하면 부산해협이 불과 10여 시간의 항로요 조선사람 가운데 일본말과 글을 깨우친 사람이 많으므로 문명을 일본으로부터 수입하는 것은 지극히 쉬운 일이라 하겠다."

일본과의 관계는 적대관계이건 우호관계이건 피할 수 없는 것이고, 사실상 일본의 문명은 일찍이 개화되었다. 만해는 이점을 외면하지 않지 않지만 결코 친일파가 되지 않는다.

1911년 일본불교가 이 땅에 들어와 한일 불교동맹을 체결하려 하자 만해는 박한영·진진응·김종래·장금봉 등 승려들과 더불어 순천 송광사와 부산 범어사에서 승려 궐기대회를 개최하고 그 체결을 분쇄한다. 그리고 조선불교 유신론을 통해 단순히 전통적인 한국불교를 이어받는데 그치지 않고 그것을 바탕으로 불교계를 새롭게 하려고 노력한다.

이러한 노력의 결과로 불교대전이 편찬된다. 만해는 1912년부터 양산 통도사에 비치된 고려대장경 1천 5백 11부를 낱낱이 열람한다. 그 가운데 1천여부의 경·율·론으로부터 자료를 재정리하고 동경이역(同經異譯)의 원본은 대조해서 글과 뜻이 가장 잘 된 것을 초록하였다. 고려대장경을 정독하려면 일생을 보내야 한다. 대장경 6892권을 보려면 하루 20권씩 본다 하더라도 1년이 걸릴 것이다. 그런데 거기에서 1천여권을 선택해 내고 다시 한권 한권에서 일구 혹은 삼구를 발췌해 낸 경이 444부가 되었음에 비추어 만해의 의지는 놀라운 것이었다.

이같은 불교대전의 편찬은 불교를 대중화하겠다는 뜻도 있었겠지만, 그것보다도 고려대장경에 서린 한민족의 자존심을 되살리는 의미가 더욱 컷을 것이다. 다시말해서 그것을 일본의 불교, 일본의 문화를 극복하려는 만해의 노력이었다.

만해는 일본문화 극복의 일환으로 한글 사상에 남다른 관심을 가졌다. 1926년 12월 7일 동아일보에 한글날(가갸날)에 대한 만해의 시가 실렸다.

> 아아 가갸날
> 참되고 어질고 아름다워요
> 축일 제일(祭日)
> 데이 시즌 이 위에
> 가갸날이 났어요 가갸날
> 끝없는 바다에 쑥 솟아오르는 해처럼
> 힘있고 빛나고 뚜렷한 가갸날
> (중략)
> 그 속엔 우리의 향기로운 목숨이 살아

움직입니다.
그 속에 낯익은 사람의 실마리가 풀리면서
감겨있어요.
굳세게 생각하고 아름답게 노래하세요.
검이여 우리는 서슴치 않고 소리쳐
가갸날을 자랑하겠습니다.
검이여 가갸날로 검의 가장 좋은 날을
삼아주세요.
온 누리의 모든 사람으로 가갸날을
노래하게 하여주세요.
가갸날 오오 가갸날이여.

나라를 빼앗겼지만 우리말을 쓸 수 있다는 슬프지만 기쁜 마음이 잘 표현되어 있다. 한용운의 한글 사랑의 마음은 일상 생활에 잘 반영되었다. 어느 날 친구 홍재호와 더불어 한가히 잡담을 나누던 중 그가 무심코 일본말을 한 마디 하였다. 정색하는 만해에게 때가 때인 만큼 안 쓸 수도 없지 않느냐는 친구의 변명에 빰을 때리고서 쫓아 버렸다. 그는 친구들이 일본어를 사용하는 것을 절대로 용납하지 않았다고 한다.

그는 외동딸이 일제의 교육에 오염될까봐 학교에 보내지 않고 손수 한글과 한문을 가르쳤는데, 머리가 좋은 딸이 신문지에 섞인 일본어를 무어냐고 물으면 그것은 글자가 아니라고 했다. 일상사에서 철저한 한글 사랑은 나라 사랑과 직결되었기 때문에 그는 한글을 갈고 닦고 애용하였다.

1918년 그는 유심(唯心)이라는 잡지에 주요한의 불놀이보다 일년 앞서 신시 '심(心)'을 발표하였고, 최남선의 정형시 보다 앞선 자유시 '님의 침묵'을 썼다. 이 '님의 침묵'은 거칠고 대담한 그의 성격과는 대조적으로 아름다운 문체로 많은 사람들의 사랑을 받았다. '알 수 없어요'나 '님의 침묵'으로 인해 많은 사람들은 만해를 시인으로 기억하고 있지만, 그는 시 자체보다는 민족의 정신을 지키려는 지사의 면모가 강하다. '님의 침묵' 자체도 님이 이성이 아니라 민족이라고 조지훈은 평한다.

> 님만 님이 아니라
> 기룬 것은 다 님이다.
> 장미화의 님이 봄비라면
> 마치니의 님은 이태리다...

그 거친 성품에서 아름다운 한글이 나왔던 신비는 우리글에 대한 깊은 사랑에서이다. 이 또한 극일의 일환이었으리라.

만해 한용운은 총칼을 들고 일제에 항거한 것은 아니었지만, 총칼보다 더 무서운 문화의 힘으로 일제를 극복했던 인물이다. 총칼의 힘은 일시적이지만 문화의 힘은 영속적이다. 우리문화 창달을 통한 만해의 극일정신을 높이 평가해야 한다.

조선시대의 불교사상

한국에서 『유마경維摩經』의 지위

1. 유마경의 세계

대승불교의 출현은 불교사 속에서 불교사상의 획기적 발전을 이룩한 사건이다. 출가수행자 중심의 엄격한 계율 지상주의라기보다는 재가의 새로운 신앙 실천 운동과 보살의 정신은 대승불교의 출현의 의의를 말해준다.

재가불자인 유마거사가 중심이 되어 구성된 『유마경』은 재가신앙의 사상적 근거를 제시한 것이며, 반야의 공사상을 구현하고 대승적 자비의 바탕에서 불이적(不二的)인 실천의 모습을 드라마틱하게 보여준 경전이다.

『유마경』의 범본명은 Vimalakirti-nirdesa이고 이 가운데 Virmalakirti를 한역에서는 '라힐(維摩羅詰)', '비마라힐리제(毘摩羅詰利帝)', '유마힐(維摩詰)' 혹은 간단히 '유마'라고 음사하였다. 의역하여 '이구칭(離垢稱)', '무구칭(無垢稱)' 혹은 '정명(淨名)' 등으로 칭하기도 했다. 『유마경』의 성립 연대에 대해 대략 기원전 1-2세기로 추정된다.

중국의 번역본으로 현존하는 것은 지겸(支謙)의 『유마힐경』 2권, 구마라집의 『유마힐소설경』 3권, 현장(玄奘)의 『설무구칭경(說無垢稱經)』 6권이 있다. 이 번역본 가운데 실제로 『유마경』이 그 진가를 발휘하게 된 것은 구마라집(鳩馬羅什;344-413) 역이 유포되고 나서이다. 이 번역이 나타난 후 『유마경』에 대해 많은 중국인들이 이 원전을 연구하였다. 그 중에도 승조는 『주유마(注維摩)』라는 주석서를 썼다. 이 번역서가 하나의 모범이 되고 후세에 오래 사용되기에 이르렀다.[1] 한역서는 있지만 그동안 산스크리트 원본은 찾을 수 없다가, 1999년 티베트에서 일본인 학자들에 의해 원전이 발견되었다.[2]

유마경의 내용은 대승불교의 보살사상이 중심이 되고 있다. 유마거사는 보살도인 육바라밀(六婆羅蜜)을 철저히 실천하는 재가수행자라고 할 수 있다. 재산과 재물이 한량없이 많아서 가난한 이들에게 보시하고, 속가에 있으면서도 청정한 계율을 지녀 부도덕한 이들을 이끌었으며, 인욕으로 성내는 이들을 보살폈고, 정진으로 모든 게으른 이들을 이끌었으며, 고요한 마음으로 선정을 닦음으로 모든 마음이 어지러운 이들을 이끌었고, 지혜로 무지한 이들로부터 벗어났지만 함께 감싸 안고 살았다.

유마거사와 대화하는 인물들은 붓다의 가르침을 실천 수행하는 출가한 고승들인데, 속인이면서 병든 유마거사와 대화를 통해 큰 깨달음을 얻는 장면이 중요내용으로 각색되어있다. 여기에서 주요 화두는

---

1) 이대성, 「유마경연구」 동국대학교 대학원, 1999.

2) 중국과 일본의 학자들이 공동으로 발굴한 조사에 참여했던 다카하시(高橋尙夫)씨에 의하면, 「지광명장엄경(智光明莊嚴經)」을 때마침 열람하고 있었는데, 여기에 '유마경 12장'이란 제목이 적혀있었다"고 당시를 회상했다. 1999년 7월말부터 8월 초순에 걸쳐 실시한 현지조사에서 드디어 발견이 이뤄진 것이다. 「유마경」 원전 발견으로부터 발표까지 1년 반이란 시간이 소요되었다.

불이(不二)적 공(空)사상이다.

출가 수행자인 고승들과 재가자인 유마거사 간에 오고간 문답을 실례로 들자면, 먼저 유마거사의 요청에 의해 고승들이 진리의 세계를 이야기한다. 사리불의 경우 좌선에 있어 몸과 마음의 근거로 작용하며 집착하는 이 현실의 미혹 속에 있으면서 능히 그 불심의 작용을 거두고 집착을 버리는 것이 좌선이 된다는 것으로 유(有)도 무(無)도 없고 얽매이는 일도 없는 공(空)의 경지가 참된 좌선이라고 설한다. 목건련의 경우 설법에 관한 것으로 단순히 법을 행한다는 입장을 초월하여 일체의 집착을 떠난 공의 실천으로 무심 속에 있으면서 유심하게 설해야 한다는 것, 가섭의 경우 걸식에 관한 것으로 두타가 단순히 자기 혼자만을 위한 수행방법임에 그친다면 그 참뜻은 망각되는 것이니 자타가 평등 진실할 수 있는 법이 실천되어야 할 것이라고 그들의 경지를 이야기한다. 수보리의 경우 공(空)이 고정화했을 때 그것은 유(有)가 되니 공(空)도 또한 공(空)한 것으로 부정돼야 하는 것으로 공(空)은 집착하지 않음을 통해 진실한 깨달음을 드러내는 것이라 할 수 있다고 한다. 우바리의 경우 계율은 형식이 아닌 마음의 문제로 다루어져야 하므로 계율은 공(空)의 정신에게 지켜져야 하고 죄를 범하지 않겠다고 집착하지도 말아야 한다고 말한다. 라훌라의 경우 출가에 대한 것을 진실한 구도자로서 출가해서 모든 공덕을 제거할 때 그것이 진실한 출가라고 한다. 부루나와 가전연 그리고 아나율과 아난과 같은 기라성 같은 불제자들이 공의 작용에 대해 유마거사에게 이야기한다.

유마경을 연구하는 기존의 많은 학자들은 유마경의 사상은 대승불교의 공(空)과 불이(不二) 그리고 반야사상을 잘 표현하는 것이라고 분석하고 있으며, 이 때문에 선(禪)사상과 관련이 있는 것으로 볼 수 있고 이에 대해 별다른 이의를 제기하지 않는다. 다만, 출가자 중심의 불교를 강조하는 한국불교에서 재가불교 혹은 거사불교를 중시하는 전통이 바로 유마경과 연결된다는 점에서 필자는 다른 경전과 달리 현실과 이상을 둘로 보지 않는 세간의 중요성을 강조하는 것이어서 유마경과 그 사상에 대한 재조명이 필요하다고 본다. 붓다의 십대제자를 비롯한 저명한 고승들은 유마거사의 진리에 대한 침묵으로부터 진정한 불이(不二)의 경지를 체득하게 된다는 내용 자체가 출가위주의 불교를 벗어나 재가에서도 얼마든지 수행이 가능하며 출가와 재가가 대립된 세계일 수 없음을 말해주는 것이다.

그동안 한국에서 이루어진 유마경에 대한 연구는 거의 경전의 성격을 분석하는 것들이었을 뿐 유마경의 사상이 시대적으로 어떻게 다루어지고 있는지에 대해서는 다루지 못했다.[3] 본 논문은 신라의 원효 이래로 일제하의 한용운에 이르기까지 한국불교의 전통은 재가를 도외시하지 않는 대승보살사상을 잘 표현한 유마경에 대해 어떻게 보았는가를 주목하여 그 맥락을 파악하는 것이 이 연구의 목표이다.

---

3) 김두식,「유마경에 관한 연구」, 동국대학교 대학원 석사학위논문. 1965. 강혜원,「달마선에 나타난 유마의 不二사상」,『韓國佛敎學』26輯. 1995. 이대성,「유마경의 禪사상」,『韓國佛敎學』26輯. 한국불교학회. 1995. 김용환,「유마의 보살실천론과 생태위기극복」,『국민윤리연구』 37號, 한국국민윤리학회. 1997. 이선경,「극양식으로 본 유마경의 등장인물고찰」, 동국대학교 교육대학원 석사논문. 1997.이대성,「유마경연구」 동국대학교 대학원 박사학위논문, 1999. 이재수,「유마경에 나타난 사회사상연구」, 동국대학교 대학원 석사학위논문. 2000. 정준기,「유마경의 반야사상을 의용한 신회의 禪사상」,『韓國佛敎學』38輯.2004.

2. 한국에서의 유마경의 지위

1) 유마경에 대한 관심

한국에서 유마경에 대해 관심을 가지고 주석 작업을 한 인물은 원효(元曉; 617-686)가 최초이다. 『유마경종요(維摩經宗要)』 1권과 『유마경약찬(維摩經略贊)』 7권이 그의 저술이지만, 현존하지는 않는다. 그러나 조선시대 세조 때 『유마경종요(維摩經宗要)』를 유구국(현재의 오키나와)에 보내주었다는 기록이 있는 것으로 보아 조선시대 초까지 이 저술은 남아있었다.[4]

원효의 뒤를 이어 경흥(憬興; 생몰년대 미상)의 경우도 『무구칭경소(無垢稱經疏)』 6권을 저술했다고 하나 역시 현존하지 않는다. 경흥은 미륵, 아미타 등의 정토사상과 유식사상에 깊은 관심을 가졌다. 다양한 분야의 연구에 몰두하였는데, 이는 당시의 신라불교의 사상계가 요구하는 바를 반영한 것이며, 유마경 관련 주석도 회통불교의 면모를 보여준다.

---

4) 『조선왕조실록』 세조 43권. 13/08/14(정미) / 태평관에 있는 유구국 사신에게 물품을 하사하다... 그때 보낸 불서는 『성도기(成道記)』 『법화경(法華經)』 『번역명의(飜譯名義)』 『기신론(起信論)』 『영가집(永嘉集)』 『대비심경(大悲心經)』 『원각경(圓覺經)』 『사교의(四教儀)』 『능엄의해(楞嚴義海)』 『도덕경(道德經)』 『법수(法數)』 『함허당원각경(涵虛堂圓覺經)』 『금강경(金剛經)』 『야부종경(冶父宗鏡)』 『능엄회해(楞嚴會解)』 『고봉화상선요(高峯和尚禪要)』 『진실주집(眞實珠集)』 『능엄경(楞嚴經)』 『벽암록(碧巖錄)』 『수륙문(水陸文)』 『유마힐경(維摩詰經)』 『금강경오가해(金剛經五家解)』 『능가경소(楞伽經疏)』 『아미타경소(阿彌陀經疏)』 『유마경종요(維摩經宗要)』 『법경론(法鏡論)』 『관무량(觀無量)』 『수경의기(壽經義記)』

둔륜(遁倫; 생몰년대 미상)의 『유마경요간(維摩經料簡)』 1권도 있다고 하나 역시 현존하지는 않는다. 그럼에도 우리는 신라의 중요한 불교학자들이 『유마경』에 대해 관심을 가지고 연구했음은 알 수 있다.

원효대사의 회통사상은 재가불교의 위상을 결코 낮게 보지 않고 승속을 초월했다는 점에서 유마거사의 불이정신과 상통하는 것으로 볼 수 있을 것이다. 원효는 요석공주와 결혼하여 설총(薛聰; 650-740)을 낳았고, 스스로 소성거사(小性居士) 혹은 복성거사(卜性居士)[5]로 자처하고 대중들과 함께 어울리기 위해 무애행을 했다는 사실은 널리 알려진 사실이다. 그의 유마경의 주석서가 현존하지 않더라도 그의 생애에서 보여준 보살정신이란 유마거사의 보살행과 같은 맥락이라고 할 것이다. 원효의 별호는 '새부(塞部)'라고도 하였는데, 새부는 사부대중 가운데 우바새를 이름한 것이니 스스로 거사라고 자처했음을 알 수 있다.[6]

> "성사는 그 바가지 모양대로 도구를 만들어, 화엄경의 '일체무애인(一切無碍人)이라야 단번에 생사를 벗어나리라'는 구절을 따서 無碍라 이름 짓고 노래를 지어 세상에 퍼뜨렸다. 일찍이 그 도구를 가지고 방방곡곡에서 노래하고 춤추며 교화하고, 읊고 돌아왔으므로 가난뱅이 코흘리개 아이들까지도 모두 부처의 이름을 알게 되었고, '나무아미타불'을 부르게 되었으니, 法化가 컸던 결과였다."[7]

원효의 무애행은 다름 아닌 보살행이며 대중들과 고락을 함께하면

---

5) 이규보, 『東國李相國集』 卷19. 「小性居士贊幷書」 '剃而髡則元曉大師 髮而巾則小性居士'

6) 이에 관해서 김영태 교수는 원효의 한글 이름인 새벽이라고 해석하기도 하지만, 필자는 望月信亨의 우바새의 해석이 자연스럽다고 생각한다. 김영태, 「원효의 신라말 이름 '새부'에 대해서」 『불교사상사론』, 민족사, 145-157면. 望月信亨, 『起信論之硏究』, 金尾文淵堂, 1922. 227면.

7) 『三國遺事』, 第五, '元曉不羈'

서 깨달음에 이르게 하려는 유마경의 정신과 일치한다. 왜냐하면『유마경』에서는 대중의 이익을 위해서 술집이나 도박장과 같은 계율에서 금지하는 장소에 출입이 가능하다는 점에서 원효의 무애행은 유마거사와 괘를 같이 하는 데 유마경의 내용을 보면 다음과 같다.

> "심지어 바둑과 장기 놀이하는 곳에 이르러서도 그것들을 가지고 사람들을 제도한다. ...여러 도시를 노닐면서 중생들을 요익케 하여서, 바른 법을 다스리는데 들어가서는 모든 사람들을 구호하여 주고, 강론하는 곳에 들어가서는 대승의 법으로써 인도하여 주며, 여러 학당에 들어가서는 동몽(童蒙)들을 올바로 인도하여 일깨워 준다. 여러 음사(淫舍)에 들어가서는 음욕의 허물을 보여 주고, 여러 술집에 들어가서는 능히 자기의 뜻을 세운다."[8]

석굴암 불상조성을 보면 석굴암의 감실에 유마거사의 상이 있다. 두건을 쓰고 웅크린 자세로 탁자에 기댄 모습인데, 환자가 손에 커다란 베게를 끼고 문수보살과 문답하고 있는 모습을 잘 표현하고 있다. 이 감실에 있는 보살상은 보현보살, 대세지보살, 미륵보살, 문수보살, 금강장보살, 관음보살, 지장보살인데 유마거사는 그중에 있다. 문수보살과 대칭으로 배치된 것으로 보아『유마경』의 문수와의 대화에 근거한 작품이라고 할 수 있다. 여기에서 유마의 모습

석굴암의 유마거사상

8) 이영무 역해,『유마경강설』,「방편품」pp.93-94. 월인출판사. 1989. (大正藏 卷14. 539上면)

이 노인의 고통스런 표정과 웅크린 자세에서 나타나는 병자로서『유마경』의 문병의 사실을 잘 묘사하고 있다. 이로보아 신라시대에 이미 유마경이 불교의 주요 사상으로 잘 받아들여지고 있었고 그것이 원효의 불이사상이나 석굴암과 같은 주문화재에도 투영되어 있음을 알 수 있다.

석굴암의 본존상에 있는 10대 제자상은 유마경의 제자품에 나와 있는 제자와 일치하며, 상부의 감실에 중앙에 서로 마주보게 한 것이 문수보살과 유마거사의 문답장면이라는 것은 이 석굴암의 설계가 유마변상(維摩變相)인 셈이다.[9] 신라인들이 유마경의 사상을 익히 소화하여 석굴암에 표현했다는 것은 주목할 만한 것이다.

해인사의 일주문 앞에 있는 895년에 건립된 길상탑(吉祥塔) 안에 넣은 법보(法寶) 기록에도 유마경(淨名經)이 들어있다.[10] 신라시대의 유마경의 위치를 가늠하는 좋은 자료라고 볼 수 있다.

2) 고려시대의 유마경

원효(元曉)의 화쟁사상을 높이 평가한 대각국사 의천(義天)은 원효대

9) 최완수,「석굴암, 중생의 해탈 염원 담긴 '대승불교의 꽃'」한국경제, 2009. 9. 28.

10)「百城山寺前臺 吉祥塔中納 法賥記」'寧二旀蒙年百城山寺前臺 吉祥塔中納 法賥記」無垢淨大陀羅尼經 一卷 法花經一部 淨名經 一部」隨求卽得大自在陀羅尼金剛般若經 一卷 花嚴二佛」名號 卌類神衆 列名 威光所遇佛友名 善財所携五十五」善友 列名 五十三佛號十大弟子德號 七處」九會卅九品列名 兼卌心十地名 十卷金光明」經卅一品 列名 大般若經十六會二百七十八品 列名」佛經雜語 花嚴性起 卌篇 眞言集錄 二卷」佛舍利 一軀 又二枚 釋迦如來涅槃銅畫像 一」瑠璃泥小塔 九十九 又七十七 每塔納眞言」大般涅槃經十七品 列名 ▨心般若經」

사가 고구려에서 백제로 귀화한 보덕화상에게서『유마경』을 배웠다고 기록하고 있다.[11] 의천이 유독 원효를 추앙했던 이유는 여러 가지 논쟁을 화해시키고 중생과 함께 삶을 살았던 보살행에 있었다. 원효의 위상과 더불어 유마경의 불이사상도 대승불교의 정신으로 이어지고 있음을 시사하는 것이다.

의천의 사상은 선교일치를 포함해서 모든 종파를 회통하는 것이고, 다음은 유교의 도가의 가르침도 궁극적으로 인정했다. 그는 세간과 출세간에 대해 둘로 보는 입장을 지양하여 불이(不二)의 관점으로 보았다. 그가 왕자로서 나라에 대한 각별한 애국심과 충성심을 지니고 있었기 때문에 세속을 떠나야할 속세로 본 것이 아니라 출세간과 똑같은 가치를 가진 것으로 보는 것은 유마거사의 불이정신 그리고 원효의 화쟁사상과 연장선상에 있는 것이라고 하겠다.

보조국사 지눌은『화엄론절요』에서 불교의 주요 경전을 다음과 같이 분류했다.

1.『소승계경(小乘戒經)』
2.『보살계(菩薩戒)』
3.『반야교(般若敎)』
4.『해심밀경(解深密經)』
5.『능가경((楞伽經)』
6.『유마경(維摩經)』以會融染淨二見 現不思議爲宗
7.『법화경(法華經)』
8.『대집경(大集經)』
9.『열반경(涅槃經)』

11) 『大覺國師文集』卷17. p.8「孤大山景福寺飛來方丈禮普德聖師影」'元曉義湘嘗在諸下親稟涅槃維摩等經'

여기서 『유마경』이 염(染)·정(淨)의 두 견해를 회통하여 불가사의한 뜻을 나타내는 가르침이라고 말한다. 그러면서 화엄사상과 유마경의 사상은 10가지에 있어서 다르고 한 가지는 같다고 했다. 화엄경과 유마경이 같은 것은 입도방편(入道方便)이 같다. 유마경에 말하기를 '법을 구하는 사람은 일체법에 구하는 바가 마땅히 구하는 바가 없어야 한다. 몸의 실상을 관함에 있어 부처님을 관하는 것에 있어서도 그러하다. 내가 여래를 관하니 과거에 오신 것도 아니고 미래에 오실 것도 아니며 지금 머무는 것도 아니다. 이것이 처음에 지혜의 문을 관하는 것으로 대략 입도행상(入道行相)과 같다.'[12]라고 하여 공의 정신을 유마경을 통해 설명하고 있음을 알 수 있다.

또한 유마거사를 정명거사(淨名居士)라고 칭하고 불가사의한 신통변화를 보여서 이승(二乘)을 돌아서게 하고 생사에 처하여서 몸에 병을 나타내고 염정(染淨)이 둘이 아님을 알게하고 보살의 대자비를 병으로 나타내어 보살이 불이(不二)의 문을 자세히 말하도록 했다고 찬탄하고 있다.[13]

유마경을 따로 주석하지는 않았지만 유마경의 위상을 두 견해를 회통하는 것으로 높이 평가함을 알 수 있다. 보조국사 지눌의 사상에 있어서 특이점은 그가 세속적인 명리를 버리고 철저하게 정혜결사를 통해 고려불교를 쇄신시켰지만, 교학에 있어서는 고려의 실정에 알맞은 정혜쌍수, 선교일치, 혹은 돈오점수를 주장했다.

특히 화엄론에 있어서 재가 거사였던 이통현(李通玄; 634-730)장자

12) 普照, 知訥『華嚴論節要』33면 '一入道方便同者 經云夫求法者 於一切法 應無所求 乃至觀身實相觀佛亦然 我觀如來前際不來 後際不去 今卽無住等 是初觀智門略同於入道行相'

13) 普照, 知訥『華嚴論節要』33면. '此維摩經 以淨名居士 現小許不思議之通變 令二乘廻心 又處於生死現身有疾 令知染淨無二 又表菩薩大悲有疾 菩薩具陳不二之門'

의 이론을 원용하여 그의 회통불교의 틀에 수용하고 있다. 이통현이 생존하던 당나라에서는 여러 불교종파가 번성했지만 재가불교가 활성화되지는 않았다. 그는 오히려『주역』과『노자』등의 중국 전통사상의 교양을 바탕으로 화엄사상을 받아들이고 있었다.[14] 보조국사가 비록 재가불자이지만 화엄의 이치를 오히려 정확히 관통하고 있는 이통현 장자의 사상을 통해 원돈신해문(圓頓信解門)을 정립했다는 것은 거사불교에 대한 긍정인 동시에 보조사상의 핵심인 유마의 불이사상과 부합하는 것으로 진속불이의 정신을 보여준 일면이라고 할 수 있다.

보조는 하가산 보문사에서 대장경을 열람하다가 이통현 장자의 화엄경 여래출현품 "여래의 지혜도 이와 같아서 중생의 몸에 갖추어진 것이다. 다만 범부들이 이를 알지 못하고 깨닫지 못할 뿐이다.(如來智慧亦復如是 具足在於衆生身中 但諸凡夫 不知不覺)"[15]라는 구절을 읽으면서 기쁨의 눈물을 흘렸다고 한다. 여래의 지혜가 중생을 떠나 있는 것이 아니라 이미 중생의 몸에 있는 것인데 이를 범부들이 자각하지 못하고 있다는 이런 깨달음은 유마거사가 재가에 있으면서 보살정신으로 중생의 삶을 중시하는 그것과 같은 맥락임을 알 수 있다.

"자기 마음 안의 모든 부처님의 보광명지로써 일체 중생을 비추면 중생의 상이 곧 여래상이며, 중생의 말이 곧 여래의 말이며 중생의 마음이 곧 여래의 마음이며, 생산업을 다스림과 공학의 기예가 다 이 여래보광명지(如來普光明智)의 운용하는 상이고 작용이니 도무지 하나일 뿐 다른 것이 없다. 다만 중생의 자기 업을 따라 스스로 속아서 범부,

---

14) 임상희,「이통현과 중국의 전통사상」『한국불교학』50집, 한국불교학회. 2008. 464면.

15) 知訥,「圓頓成佛論」에서 또한 같은「여래출현품」곧 "自己無明分別之種 本是諸佛不動智也"도 인용된다.

성인, 나와 남, 因과 果, 물듦과 깨끗함, 성품과 상(相) 등을 보는 것이며 스스로 분별을 내고 스스로 물러나는 것일 뿐 普光明智가 짐짓 지음이 아니다."[16]

고려대장경에도 『유마경』은 편집 되었음은 물론이다.[17] 승조(僧肇)가 주석을 달아 놓은 유마경에 당나라 도액(道液)이 자신의 의견을 더하여 펴낸 것을 대각국사의 의천의 『신편제종교자총록』에 수록된 4권 중 권3, 4의 남아있는 1책이다. 각 권의 끝에 고려 헌종 1년(1095)에 흥왕사에서 간행했다는 기록이 있어서, 의천이 간행한 속장경 판본[18]을 통해 고려시대에서도 유마경은 주요 경전으로 취급되었음을 알 수 있다.

그러나 고려시대의 거사불교의 대표적인 인물이라고 할 수 있는 이자헌이나 이규보에게서는 오히려 재가불교를 강조하는 면보다는 재가자로서 출가자와 같은 수행을 동경하는 면이 있으며 그들이 유마거사를 수행의 모델로 삼은 것 같지는 않다.[19]

오히려 출가자이면서 재가불자의 사상이라도 그것이 진실이 있을 때 수용했던 보조국사 지눌에게서 혹은 원효의 회통정신을 계승하고자 했던 대각국사 의천에게서 유마거사의 불이정신을 확인할 수 있다.

---

16) 知訥,「圓頓成佛論」200면. "自心內諸佛普光明智 普照一切衆生 則衆生相卽如來相 衆生語卽如來語 衆生心卽如來心 乃至治生産業 工巧技藝 皆能是如來普光明智 運爲之相 都無別異也 但是中生 自業自誑 自見是凡是聖...自生退屈非有普光明智 故作如是"

17) 해인사의 보관된『유마힐소설경』은 조선시대에도 인행된다.

18) 세조 때 간경도감(刊經都監)에서 찍어낸『금강반야경소개현초』와 비슷하여 조선 세조때 속장경을 보고 다시 새겨 찍어낸 판본으로도 추정하고 있다.

19) 신규탁,「이자현의 선사상」,『동양철학연구』, 동양철학연구회. 2004. 주호찬,「이규보의 시에 나타난 불교인식의 추이」,『한문학보』14호, 우리한문학회. 2006. 이애희,「이자현의 능엄선 사상」,『공자학』14집. 한국공자학회. 2007 등이 관련 논문이다.

3) 조선시대 유마경의 간행과 추사의 불이

조선시대는 주지하듯 억불의 시대였기 때문에 불교의 위상이 현저히 낮아진 것으로 알고 있지만 우리들의 상식과는 달리 조선시대에 있어서도 유마경은 계속해서 발간되고 거사불교의 중요성이 강조되었다.

17세기(1632년)의 유마경 발간 기록 가운데 낙안 동화사에서 사경한 유마경이 있다. 이 유마경을 사경하면서 발원한 글은 다음과 같다.

> "오로지 원컨대 불초한 사람이 졸필로 『부사의경(不思義經)』 한권을 서사합니다. 공덕으로 위로는 서울의 낙양성 가운데 금란방의 구중궁궐 안에 사시는 주상 삼전의 만세를 빌고 백성을 구휼하는 무강한 은혜에 보답하나이다. 두 번 허공 법계에 가득한 육도 사생들이 삼계를 벗어나 정토에 태어나고 친히 무량수불을 뵙기 발원합니다. 돈오무생(頓悟無生)자 성상 즉위 12년(1633) 사미 원기 삼가 씀"[20]

이 사경문은 매우 정제된 해서로 쓰여 있다. 조선시대 임란 이후에 쓴 사경의 전형적인 전범을 잘 보이는 수작이다. 이 사경기(寫經記)를 볼 때 조선시대의 스님이 유마경을 사경한 공덕으로 위로는 나라의 임금과 육도중생들이 모두 행복하기를 기원한 뜻이었음을 볼 때 유마경에 대한 영험을 알게 한다.

1681에 중국의 불서를 실은 배가 전라도 임자도 근처에 도착했고 이때 가져온 책 중 몇 권을 왕에게 받쳤는데 왕은 그 책들 대부분을 개원사(開元寺)[21]에 하사했다. 이 集書속에 있던, 유마경을 바탕으로 새로

20) 願文: 唯願不肖拙筆書寫不思議經一卷. 功德上報於京畿洛陽城中部錦蘭坊九重宮裏居位 主 上三殿下萬歲 恤民無彊之恩 兩次及盡虛空遍法界六趣四生 離於三有 生於淨土 親見 無量壽佛 頓悟無生者 時維聖上卽位12年癸酉(1633)丙辰沙彌源琪謹書

21) 1926년 당시 팔도도총섭 벽암 각성에 의해 세워진 남한산성 안의 절

경전을 간행하면서 초원거사(椒園居士) 이충익(李忠翊; 1744-1816)은 주해를 첨가한다.[22] 이충익은 25세에 불교에 심취하여 강화도의 마니산에 망월대에 암자를 짓고 스스로 폭포암 주인으로 자처하기도 했으며 스스로를 거사라고 했다.[23] 이충익은 해인사에 보관되어있는 『유마힐경』 3권을 인행하여 읽고 다음과 같이 평했다.

> "유마경은 넓고 깊어서 엿보고 가늠할 수 없다. 마치 유마거사가 방장에 높이 누워있는 것을 목격하고는 여러 큰 제자와 큰 보살들이 뒷걸음치고 나아가 문안하지 못한 것과 같으니, 아! 기이하구나. 갑진년 늦은 봄에 호진우사(蠔津寓舍)에서 필사를 마치고 책 끝에 적는다."[24]

동사열전에 소개되고 있는 이침산(李枕山:1827-?) 거사는 유마의 화신으로 알려질 정도로 도가 높은 인물이었다. 동사열전의 저자 범해는 그에게 준 시에서 다음과 같이 묘사한다.

괴나리 봇짐 속에 다른 건 없다	尺布行裝何所有
다만 한 권의 금강경뿐	金剛一卷自家珍
방거사의 선문답 곳곳에서 꽃피니	龐公事業頭頭顯
그대는 필시 유마거사의 화신	應是維摩小化身

이 이침산 거사를 유마거사의 화신이라고 칭찬하고 있는데, 이 거

22) 모리스 꾸랑(Mourice Courant), 이희재 역『한국서지』(Bibliographie correenne), 일조각, 1994. 652면. 이충익의 불교관에 대한 연구는 유호선의「양명학자 이충익의 불교관 일고」,『한국어문학연구』48집이 있음

23) 李令翊,『信齋集』권1. '構小庵於摩尼山望京臺瀑布下 自號瀑布庵主人'

24) 『椒園遺藁』2책. 512면. '若維摩 汪濊不可窺測 如目擊大居士 高臥方丈 諸大弟子 諸菩薩 却步不任造問 吁可異也 時甲辰季春 在蠔津寓舍 書寫畢 因識卷末'

사는 실제로 전주 봉서사에서 유마경을 서사하여 불자들에게 주는 등 유마거사의 불이법을 실천하고자 하였다.[25]

『유마힐경 직소(直疏)』[26]는 1854년(철종 5) 철원 보개산 성주암에서 발간되었다.[27] 서문을 쓴 동화축전(東化竺典)은 1850년대까지 금강산의 건봉사에서 주석했던 선지식으로 1854년 쌍월 성활이 간행한『유마힐소설경 통윤직소』에 서문을 써서 경과 판각의 의의를 부각시켰다. 동화는 쌍월 성활(雙月 性濶)이 간행한『유마힐소설경』에도 서문을 쓰고 있다. 그는 함께 서발을 남긴 보월 혜소, 화은 호경 등과 쌍월 성활을 축으로 하여 교유관계를 맺었다. 이 책 가운데 화은 호경의 글에 "이(유마)경은 우리나라에서는 일찍이 오랫동안 소와 주석이 없어서 학자들이 경전을 탐구하는데 자주 아득해져서 능히 그 끝을 규명하여 그 근원을 궁구하지 못하여 총림에서 병으로 여긴지 오래 되었다."고 말하고 있다.

이들에 의해 발간 보급된 유마경 주석은 오늘날까지도 안진호의 번역에 의해 한국의 전형적인 유마경 해설서로 읽혀지고 있다.

경전발간은 아니지만 조선후기 실학자이자 독실한 불교신자로 알려진 추사 김정희(1786-1856)의 유마경에 대한 이해도 한국에서의 유마경의 지위를 알게 하는 중요한 단서가 된다.[28] 그의 그림 "불이선란

25) 범해 찬, 김윤세 역『동사열전』광제원.1991. 481면.

26) 이 책은 1674년 혜소(慧昭)에 발간되었고 이 책의 발문은 화은(華隱)이 쓴 것이 현존한다.

27) 序 崇禎紀元後 甲寅 四月 下澣 寶月堂 慧昭謹序 崇禎紀元後 四甲寅(1854) 下澣 竺典盥水焚香 謹序 파疇居士 邵彌書于桂髓樓 後秦釋僧肇述 跋; 無何翁 華隱 謹敬謹跋 刊記; 上之四年咸豊甲寅(1854) 仲夏新刊 江原道鐵原 寶盖山 聖住庵 藏板

28) 그는 유마경 이외에도『금강경오가해』,『능엄경』,『 능가경』,『관음경』,『화엄경』,『법화경』등을 읽었다. 또 선종서적으로도『法苑珠林』『宗鏡全部』등을 읽었다. 그의 시에

(不二禪蘭)"은 바로 유마경 사상을 잘 보여주는 것이다.

> "난초 그림을 그리지 않은지 20년, 우연히 하늘의 본성을 그려냈구나. 문을 닫고 깊이깊이 찾아 드니, 이 경지가 바로 유마의 불이선(不二禪)일세. 어떤 사람이 그 이유를 설명하라고 강요한다면 마땅히 비야리성(毘耶離城)에 살던 유마가 아무 말도 하지 않았던 것 같이 사절하겠다. 만향"[29]

추사가 자기의 난초 그림의 화의를 불이선(不二禪)에 견주고 있음을 알게 된다. '불이(不二)'에 관한 구체적인 내용이 『유마힐소설경 維摩詰所說經』 제9 입불이법문품(入不二法門品)에서 나온 말임은 물론이다.

초의대사에게 준 추사의 글씨

서도 '久惜維摩示病身'을 비롯해서 유마거사가 거주하는 비야성, 유마거사가 고의로 칭탁한 병, 유마과 문답한 문수보살, 유마의 묵언과 불이문 등 시어와 시문과 서독 문집 전체에 산견된다고 말한다. 류호선,「추사 김정희의 불교시 연구」『한국불교학』46집. 2006. pp.528-540.

29) "不作蘭花二十年 偶然寫出性中天閉門覓覓尋尋處 此是維摩不二禪 若有人强要爲口實 又當以毘耶 無言謝之 曼香"

유마거사의 질문에 대해 문수보살이 "모든 것에 있어서 말도 없고, 설할 것도 없고, 나타낼 것도, 인식할 것도 없으니 일체의 문답을 떠나는 것이 절대 평등, 즉 불이(不二)의 경지에 들어가는 일이라 생각한다." 이렇게 말하고 나서 문수는 당신은 어떻게 생각하느냐고 유마에게 물었다. 이 때 상황을 경(經)에서는,

"유마는 오직 침묵하여 한마디도 입을 열지 않았다."

그 유명한 '유마의 일묵(一默)'은 문수보살로 하여금 자신보다 유마거사가 한 수 위의 경지에 있음을 알게 한 것이었다. 말하자면 불이(不二)의 진정한 세계는 언어로 표현할 수 없다는 것이다. 이 유마의 침묵을 굳이 표현하려 한 것이 추사가 그린 난초그림인 것이다. 추사는 단순한 그림 그리는 화가가 아니라 이미 『유마경』의 내용을 인지하고 있었으며 자신의 예술적 삶속에 그 정신을 구현하고자 했던 것을 확인할 수 있다. 추사의 애제자 허련(許鍊;1809-1892)도 유마를 자처하여 이름을 유(維)라 했고, 호를 마힐이라고 한 것만 보아도 재가거사로서 유마의 위치가 조선후기의 한국의 예술가들에게 수용되고 있음을 알 수 있다.

한국에서의 유마경은 이처럼 출가자에게서 뿐만 아니라 재가자들에게 있어서 중시된 경전이라는 것을 증명할 수 있는 또 하나의 자료는 19세기에 한글판 유마경이 등장했다는 것이다. 『유마소셜경』은 1874(同治 13년)년에 한글 목판본으로 발간된 『유마경』이다. 선암사에 소장된 『유마소셜경』과 최근 은평구 아파트 개발단지에 남아있던 금성당이라는 무속인들의 공간을 발굴 조사하면서 역시 한글판 『유마경』 2책이 나왔다. 주로 주술적인 영험이 있다는 믿음에 따라 발간한

불서에 『유마경』이 한 축을 끼고 있다는 점에서 우리는 민중들의 염원이 깨달음 이전에 유마거사와 같은 재산과 장수 그리고 세속적 행복을 또한 염원했음을 짐작한다.

이 판은 완역은 아니고 같은 단어를 다른 표기로 다섯 번 이상 하는 등[30] 거칠기는 하지만 한자가 하나도 없다는 점에서 큰 의의가 있다.

한자음을 그대로 쓰는 경우가 많으나 간혹 아름다운 한글도 있다. 상권은 제2 「방편품」, 제4 「보살품」, 제5 금성당의 무속인들이 사용했던 한글유마경, 「문수사리문질품」, 제6 「부사의품」으로 구성되어 있고, 하권은 제7 「관중생품」, 제8 「불도품」, 제10 「향적불품」, 제11 「보살행품」으로 구성되어 있다. 왜 이런 경전을 인쇄했는가를 알 수 있는 서문이나 발문이 없기 때문에 아쉬움이 있지만 유마경이 조선후기의 사회에서 불교의 사찰에서 만이 아니라 세속의 무속인들이 독송하는 종교적 권능을 가진 경전이었음을 확인해 줄 수 있는 좋은 근거가 된다.

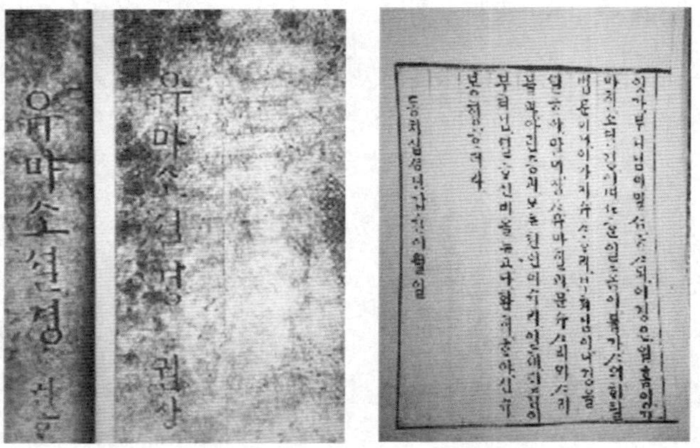

30) 아뇩다라삼먁삼보리의 경우 아누다라삼먁삼보리, 이뤅다라삼먁삼보리, 안욕다라삼먁삼보리, 안욕다라삼먁샴보 등 통일이 되지 않고 쓰인다.

일제 치하인 1916년에 불교진흥회가 창립되는데, 여기에는 각 본산의 주지승과 각분야의 재가신자들이 동참하여 불교의 생활화를 주장하는데, 그들의 기치는 당연히 유마경의 유마거사가 이상적 불자로 등장하게 된다. 이능화는 전시대의 승려를 천시하는 풍토를 개선하여 재가불자들이 모두 유마거사가 되어 승단을 외호하자고 주장한다. 그러나 유마거사의 침묵은 필요하지 않다고 하면서 적극적인 포교를 주장하고 있는 것이 특이하다.[31]

그들은 새로운 불교진흥을 위해 재가불자들이 유마거사의 역할을 해야 한다는 것을 강조했다. 승가에서 만해 한용운 역시 대승경전 가운데 특별하게 유마경을 중시했고 불교의 적극적인 사회참여와 승려의 결혼을 주장했다. 유마경의 주인공 유마힐이야말로 한용운이 지향했던 이상적 인물이라고 해도 과언이 아니다. 그는 유마경의 한글번역을 시도했는데 『유마힐소설경 강의』는 유마경 전 3권 14 품중 제 6「부사의품(不思義品)」에서 중단되었지만 이러한 번역과 강의는 진공묘유(眞空妙有)한 대승 사상의 구현에 목표를 둔 집념의 일단이라고 할 수 있다.[32] 팔만대장경의 축소판이며 새로운 관점에서 불전을 재구성한 것으로 평가되는 『불교대전』에서 유마경의 「방편품」, 「부사의품」, 「보살품」 등 14품 중에서 그 정수들이 16회에 걸쳐 인용하고 있다.

한용운은 세상일에 무관심한 탈속적 불교에 대해 유마경 해석을 통해 비판하면서 사바세계야 말로 정토를 구현하는 바탕임을 역설하고 있다.

---

31) 李能和, 「佛敎振興은 三十菩薩과 無數維摩居士」, 『佛敎振興月報』1호. 佛敎振興會. 1916. "本會는 如是等方便으로 對治衆生之病이라 然而古之文殊菩薩은 以無言無說. 無示無識. 離諸問答으로 爲入不二之法門하며 古之維摩居士는 以默然無言乃至無有文字로 爲入不二法門矣나 今之文殊菩薩과 今之維摩居士는 乃以多言多說. 多示多識. 多諸問答. 多有文字로 爲入不二法門하니"

32) 송혁 「한용운 사상연구」, 『한용운사상연구』 권2. 만해사상연구회. 1981. 182면.

"중생을 떠나서는 따로 佛이 없으며, 穢土를 떠나서는 따로 정토가 없음을 보임이다. 일체 중생의 사는 곳이 정토 아님이 없느니 兩三茅屋의 산촌이 愚者를 변화시켜 哲人을 만들고, 악인을 調伏하여 선인을 만들면 一村의 桑麻土石이 仙樹樂土로 화할지니, 어떤 땅을 막론하고 그 땅에 사는 중생이 佛智에 들어가고 善根을 일으키면 땅에 따라 정토를 이룰지라. 만약 중생의 경계를 떠나서 따로 정토를 구하면 이는 허공에 宮室을 건조함과 같아서 성취하지 못할 것이다."[33]

유마거사의 병이 다른 이를 깨달음으로 이끌기 위한 방편이었던 것처럼, 만해도 식민지 조국의 독립을 위해서 고통을 자청했고, 쇠락한 불교의 부흥을 위해 재래의 낡은 관습을 제거하고 새로운 근대적 불교운동을 모색했다.

결론

『유마경』은 중요한 대승경전으로 특히 반야 공사상과 불이사상을 잘 표현하고 있다. 승단위주의 불교는 탈속적이고 자칫 재가불교를 세속적인 것으로 무의미하게 보려는 경향이 있다. 그러나 유마경에서 보여주는 것은 세속과 탈속이 둘이 아님을 보이며, 그 가운데서 오히려 침묵을 통해 공의 진수를 보이기도 했다.

이 경전은 원효와 같은 탁월한 고승들이 관심을 가진 경전이었으며, 보살정신에 투철한 원효의 경우 승가를 떠나 결혼하여 설총을 낳았을 뿐만 아니라 스스로를 소성거사라고 자처함으로써 대중과 함께

33) 『유마힐소설경강의』 전집 3. 262면.

하는 거사불교를 중시했다. 석굴암의 여러 제자들의 상에서 문수와의 대화를 묘사한 병든 유마의 모습을 확인할 수 있다. 원효는 유마거사처럼 승속을 넘나들며 재가불교의 중요성을 보여주었고 화쟁사상과 불이사상으로 대승정신을 생활속에서 보여주었다. 이러한 원효의 사상을 높이 평가한 고려의 의천은 화쟁불교를 계승하였고, 보조국사 지눌 또한 유마경을 중요한 경전으로 보았다. 뿐만 아니라 재가 불자인 이통현의 화엄사상을 적극적으로 수용하고 불성은 중생심을 떠나서 존재하지 않으며 대립된 것이 아니라고 함으로써 유마경의 대승보살정신과 원효의 회통정신을 계승하고 있다.

억불숭유의 조선시대 때도 유마경은 쉬임없이 간행된 경전이다. 특히 조선후기 추사 김정희와 같은 재가자이면서도 불교수행에 관심을 가졌던 선비들은 유마경에 관심을 가졌고 그 자신이 유마거사의 화신처럼 살려는 의지를 가졌으며, 19세기에도 유마경은 한글본으로 출판되어 보급될 정도로 중시되었다. 또한 이러한 흐름은 일제강점기의 만해 한용운에게도 이어졌으며 그가 보여준 적극적 현실참여는 당시의 다른 불자들과 비교되는데 이는 그가 유마경의 승속불이의 대승보살정신을 철저히 이해하고 실천하는데서 기인했던 것이다.

이처럼 한국에서의『유마경』은 보살정신을 강조하는 사상적으로 의의가 있을 뿐만 아니라, 복을 기원하는 민중들의 신앙에서도 영험이 있는 경전으로 간행되기도 했던 것으로 보아 승가뿐만 아니라 재가에서도 매우 중시되는 경전임을 알 수 있다.

한국의 열반종涅槃宗에 관한 연구研究

서론

열반이란 무엇인가? 흔히 열반은 부처님의 입멸(入滅)이나 고승의 입적(入寂)을 지칭하는 말이다. 오늘날에도 도를 깨달은 고승들이 세상을 떠나기 전에 임종게나 열반송을 남겨 예사 사람들의 죽음과 달리 견성성불의 경지에 이른 것을 열반이라고 칭한다. 근본불교의 『대반열반경(大般涅槃經)』도 석가모니 부처님의 마지막 순간을 묘사한 것으로, 부처님의 마지막 유훈(遺訓)을 적시한 것이다. 이미 잘 알려진 '그대 자신을 등불로 삼고, 진리를 등불로 삼으라.'는 유계(遺誡)와 더불어 자리에 누워 생의 마지막을 장식하는 열반상도 불교문화에 있어서는 중요한 상징을 가지고 있다.

불교가 단순한 철학적 가르침일 경우에 우리가 사는 세계의 소위 제행무상(諸行無常)과 제법무아(諸法無我)가 석가모니불에게도 역시 예외없이 적용된다는 것을 가르치는 것으로 이것은 고타마 싯다르타로 인간 세상에 출현하여 역사 속에 살다간 석가모니불의 중요한 가르침이다. 그러나 불교가 단순한 철학에서 벗어나 이러한 허무와 불합리한 인간고를 넘어서는 초월의 세계를 제시할 때는 진리의 몸이자 영원성을 가진 구원의 붓다를 필요로 한다. 그것은 단지 석가모니불뿐만 아니라 중생들까지도 생사의 고뇌를 넘어서 성불할 수 있는 가능성을 제시한다. 그것이 『열반경(涅槃經)』이 제시하는 소위 법신상주(法身常住)의 사상이자 불성론(佛性論)인 것이다.

열반종이란 『열반경』을 중심으로 불교를 해석한 종파를 말한다. 근본불교의 『열반경』 이후에 대승불교의 『대반열반경』은 석가모니 부처님의 마지막 순간보다는 그 마지막 가르침에 유의하여 전개되고 있다. 그 가장 큰 가르침이란 부처님은 영원하며, 부처님의 본질은 불성(佛性)이며 이러한 불성은 누구에게나 공평한 것이라고 하는 매우 민주적이고 또한 인간존재에 대하여 무한한 신뢰를 주는 그런 가르침이다

중국에서는 이미 『열반경』이 번역되기 이전에 도생(道生, ?~434)이 열반사상을 펼쳤으며, 한국에는 백제시대에 중국에서 한역된 『열반경』과 그 주석서들이 소개되었고, 고구려의 보덕(普德) 화상은 『열반경』을 중심으로 열반종을 개창하고 후학들에게 영향을 끼쳤다. 그러나 보덕화상 제자들의 활약에도 불구하고 그 이후의 열반종은 크게 부각되지 못하고 겨우 그 명칭만이 조선시대까지 남아 있어서 그 실체가 불분명한 상태이다.

심지어는 열반종이란 특정한 종파가 아닌 일종의 학파에 불과하다는 입장도 있고, 중국에서도 열반종이라는 종파가 없었으며 불교의 공통적 교리일 뿐이라는 주장도 있다. 이러한 논란은 중국에서 뿐만 아니라 한국에서도 마찬가지로 진행 중인 상황이다. 보덕화상의 가르침이 원효와 의상에게 전해졌고,[34] 신라시대에도 『열반경』의 주석서들

34) 『補閑集』, 下(22), "嘗讀文烈公集 見大覺國師碑 …… 到飛來方丈 禮普德聖師云 涅槃方等教傳授自吾師 兩聖横經日."에서 '兩聖横經日' 다음에 "元曉義相受涅槃維摩經於師"라는

이 간행되었던 것이 사실이지만 구체적으로 열반종을 자처하지는 않았다.[35] 열반종을 종파로 인식한 것은 고려의 대각국사 의천이라고 할 수 있는데 보덕화상의 열반종에 대해 찬사를 보내고 그 유적지를 참배하면서 교종 오교 중의 하나로 보았다. 통일신라시대의 오교는 종파라기보다는 선문의 구산처럼 사찰을 중심으로 보는 견해도 있다. 열반종은 보덕화상이 머물렀던 전주의 경복사를 지칭하는 것으로 보았지만 보덕화상 이후의 열반종의 고승을 누구라고 지칭할 만한 사람이 부재한 실정이다.

그러므로 열반종이 독자적으로 존재한 것이 아니라 여러 종파 속에 공유된 것이 아니었을까 하는 생각이다. 일제강점기의 열반종 연구를 살펴볼 때 김영수는 열반종을 오교의 하나로 보고 적극적으로 그 존재를 인정했지만, 같은 시대인데도 권상로는 열반종을 천태종의 일파로 보았고, 다카하시 도루(高橋 亨)는 정토종의 하나로 보았다. 이처럼 통일되어 있지 않은 연구 성과를 살펴보고 한국에서 열반종이 어떤 방식으로 수용되고 어떤 위치에 있었는지를 알아보고자 하는 것이 이 연구의 과제이다.

協奏가 있다.

35) 원효의『열반경종요』를 대표적으로 들 수 있다.

Ⅰ. 열반종에 대한 연구 성과

중국에서의 열반종은 후진(後秦)의 도생(道生)에서부터 출발한다. 그는『열반경』이 번역되기 전에 모든 존재의 불성(佛性)을 설하였는데, 당시에는 그의 설법을 이해하는 사람이 없어 배척당하였다고 한다. 그러나 법현(法顯, 337~422)이 417~418년 사이에 번역한『대반니원경(大般泥洹經)』6권이 퍼지면서 그 사상이, 설령 극악무도(極惡無道)한 일천제(一闡提)라 할지라도 불성이 있으며 성불이 가능하다는 천제성불설(闡提成佛說)이 알려지게 되었고 이것이 열반종의 선구가 되었다. 이후 북량(北凉)의 담무참(曇無讖: 385~433)이『대반열반경』40권(北本)을 421년에 완역하였다. 이후 송(宋)의 문제(文帝) 때 강남(江南)의 혜관(慧觀) 혜엄(慧嚴) 및 사령운(謝靈雲) 등이 이미 번역된『대반열반경』(北本)을 수정 보완하여『대반열반경』36권으로 번역했는데 이것을 남본(南本)이라고 한다.

이처럼『열반경』이 중시된 것은 이 가르침이야말로 불교의 궁극적 귀결이라는 점 때문이다. 특히 "법신상주(法身常住)"나 "일체중생 실유불성(一切衆生悉有佛性)"의 교의는 그 후의 중국 불교사의 발전에 큰 영향을 주었다. 그리하여 혜관(慧觀)에 의한 열반종 오시교(涅槃宗五時敎)의 교판(敎判)은 후세 여러 교판의 초석(礎石)이 되기도 하였다. 수(隨)나라 시대에 이르러 천태(天台)의 지의(智顗: 538~597)가 "법화 열반 동일 제호미(法華涅槃同一醍好味)"의 설을 세우면서 열반종은 천태종(天台宗)과 그 의의를 공유하기도 했다.

대만의 학자 풍수훈(馮樹勳)[36]은 중국의 주요 불교종파는 구사(俱舍)·성실(成實)·율(律)·삼론(三論)·열반(涅槃)·지론(地論)·정토(淨土)·선(禪)·섭론(攝論)·천태(天台)·화엄(華嚴)·법상(法相)·밀(密) 등 13종이 있다고 하면서 열반종은 후일 천태종에 그리고 섭론은 법상종과 통합되었다고 한다.

노사광(勞思光)[37]도 열반종의 최대 의미는 뒷날 천태종(天台宗)의 영향을 준 점이라고 하였다. 그에 의하면 천태종은 『법화경』을 종(宗)으로 삼았으나, 『열반경』을 겸하여 취하였다고 보았다. 열반종에서 종(宗)이라고 하는 것은 하나의 종지(宗旨)이며 학설이고 이론이면서 동시에 교파이며 종교 집단인데 중국에서는 하나의 종파로서 발전하지 못했다고 보는 것이다. 이런 이유로 천태종에서 열반종의 사상을 흡수하여 영향을 주었고, 열반종은 불교의 가르침이 두루한 일종의 공법(共法)적 의의를 갖는다고 보는 것이다.

그런데 열반종은 종파로 형성되거나 규격화된 종파가 아니라고는 하지만 법신(法身)과 불성 사상에 끼친 영향은 헤아릴 수 없을 정도로 크다. 그래서 법신과 불성의 열반사상은 일체 불교를 포괄한다. 한국에서도 김영태 교수는 열반종이 종파로서 과연 존재했는가에 의구심을 나타내면서 종파로서의 열반종의 의의에 대해 부정적인 견해를 밝히고 있다. 이것은 열반사상이 무의미하다는 것이 아니라 열반종의 종(宗)이라고 하는 것이 종파로서의 개념이 아닌 이른바 학파(學派)로서의 의의에 불과하다는 것이다.

이와는 달리 김영수 교수는 오교(五敎) 가운데 열반종의 존재를 의

---

36) 馮樹勳, 「學派分類權實辨析 : 以'涅槃宗'的問題爲例」, 『儒學,文化與宗教 : 劉述先先生七秩壽慶論文集』, 2006.p.6.

37) 勞思光 著, 鄭仁在 譯, 『中國哲學史』(漢唐篇), p.329. 探究堂, 1987.

미 깊게 보았고, 열반종은 줄곧 한국불교에서 시흥종(始興宗)으로 유지되었으며, 조선조에도 그 존재가 유지되었다고 주장한다. 고려의 대각국사(大覺國師) 역시 오교의 가르침 가운데 열반종과 보덕화상에 대해 의의를 두었다고 하였다. 이러한 연구에 입각하여 고익진 교수는『한국고대 불교사상사』에서 고구려의 보덕이 한국 열반종의 개조라고 할 수 있는데, 이 열반종은 중국 강남의 열반종과는 직접적인 관계가 없다고 보았다. 그는 보덕의『열반경』사상은 삼론사상(三論思想)에 입각해서『열반경』의 불성의(佛性義)를 더욱 발전시켰을 것이라고 추정했으며, 그 밖의 열반종에 관해서는 열반학파와 같은 의미로 수용하고 있다.[38] 이러한 주장은 기존의 연구들을 종합한 것이라고 할 것이다.

근래의 연구 가운데 길기태는 백제의 불교사상에서는『열반경』이 중시되었는데, 여기에서 계율은 특히 정법을 강조하는 것인데 이러한 정법의 강조는 전륜성왕과 연결된다. 그리고 이와 관련하여 석가모니불 신앙도 살펴진다고 보았다. 그 이유는『열반경』이 석가모니가 열반에 임하여 설한 경전이기 때문이라는 것이다. 이렇듯 백제 성왕대의 석가모니불 신앙은 정법의 호지(護持)와 왕권이 서로 연결되듯이 석가모니불 신앙도 왕권과 연결하여 살펴볼 수 있다고 한다.[39] 길기태의 이러한 연구는『열반경』의 의미가 역사적인 석가모니불의 입적에 즈음하여 그에 대한 존경과 그의 가르침에 주목하는 것이라고 할 수 있다. 그 주요한 가르침이 계율을 잘 지킬 것과 미혹된 신앙에 미혹되지 말고 진리에 대한 신앙이라는 것으로 해석할 수 있을 것이다.

---

38) 고익진,『한국고대 불교사상사』, 동국대학교 출판부, 1989. p.122. 고 교수는 일본의 平井俊榮의『中國般若思想史硏究』의 吉藏의 三論學에서 주목되는 것은 '인도의 중관학파에서는 볼 수 없는 반야중관사상과 열반불성사상과의 융합'이라고 한 것에 주목하였다.

39) 길기태,「百濟 聖王代의 涅槃經 이해」,『한국고대사연구』41. p.244. 서경문화사, 2006.

하유진의 연구에서는 열반종과 천태종의 공통성에 대해 주목했으며, 김방룡의 연구는 김영수의 연구에 입각하여 열반종과 열반종의 사찰을 재조명 하였다.

현대에 들어서 한국불교의 열반종[40]은 한국의 불교종단으로 자리 잡고 있는데 그 연원을 고구려의 보덕화상에 두고 있다. 그렇지만 역사적으로 보자면 열반종의 열반사상은 한국의 선종과 교종에 걸쳐있는 회통불교로서 그 의의가 있지 않는가 생각된다. 곧 선종에서는 석가모니불의 열반과 불성을, 정토종에서는 불신상주(佛身常住)를, 그리고 『화엄경』 등의 교종에서는 법성과 불성의 이론을 받아들이고 부처님의 열반상 등도 영산전이나 팔상전의 주요 도상으로 신앙의 대상이 되어왔다.

열반종은 한국불교의 오교구산(五教九山), 오교양종(五教兩宗), 혹은 선교양종(禪教兩宗)에서 오교나 혹은 교종에 속하는 종파였으나, 그 오교(五教)가 과연 독립된 종파로서 어떻게 존재했으며, 역사 속에서 어떻게 변화해 왔는지에 대해서는 명료하게 정리가 되지 않은 채 막연히 교종의 하나로 인식되고 있었다. 따라서 이런 열반종에 관련된 그 동안의 연구 성과는 한국불교사에서 열반종이 어떻게 발전되어 왔으며, 어떤 가르침으로 수용되어 왔는가를 이해하는데 도움이 되리라고 본다.

---

40) 대한불교열반종은 1973년 해암종사가 창종. 1978년 용인 연화산 열반종 총본사 개설. 1989년 한국불교 와우정사 재단법인 등록. 1991년 대한불교열반종으로 개명하고, 1992년 한국불교종단협의회에 가입.

II. 삼국시대의 열반종

한국의 열반종에 있어서 그 종조는 고구려의 보덕화상이다. 보덕은 대보산(大寶山) 암혈(嵓穴) 아래에서 선관(禪觀)을 하면서 『열반경』을 강의하고 영탑사(靈塔寺)를 세워 그곳에서 지냈다.[41] 그러나 연개소문이 오두미교(五斗米敎)를 나라에 펼치면서 이에 실망한 보덕화상은 백제로 거처를 옮겨 『열반경』을 중심으로 가르침을 펼치게 된다. 전주의 경복사(景福寺)를 위시해서 그의 문하 스님들이 열반종의 사찰을 열었다. 보덕화상에게 배운 인물 가운데는 원효(元曉)와 의상(義相)도 포함되어 있다.

여기에서 중요한 것은 오두미교에 대하여 그가 반대한 이유와 그의 불교관에 대한 것이다. 오두미교는 도교인데 당시의 도교는 불로장생에 관심을 가져 양재초복(禳災招福)의 기복신앙적인 요소가 많았다. 그런데 연개소문(淵蓋蘇文)은 부처님의 가르침뿐만 아니라 유교와 도교가 더불어 공존하는 것이 국익에 도움이 된다고 하여 당나라에 사신을 보내 도교를 구해 오자고 건의하였다.[42] 하지만 그의 속셈은 무위정치(無爲政治)의 이념을 표방함으로써 권력 장악을 강화하기 위한 수단

41) 『三國遺事』 권3, 탑상, 「高麗靈塔寺」 참조.

42) 『三國史記』 21, 高句麗本紀, 寶藏王 2年 3月條. "蘇文告王曰 三敎譬如鼎足 闕一不可 今儒釋並興而道敎未盛 非所謂備天下之道術者也 伏請遣使於唐 求道敎以訓國人." 『三國遺事』, 권3. 興法 3. 「寶藏奉老普德移庵」, "金奏曰 鼎有三足 國有三敎 臣見國中 唯有儒釋無道敎 故國危矣 王然之 奏唐請之 太宗遣叔達等道士八人."

으로 보고 있다.[43] 보덕화상도 별반 다르지 않은 입장이다. 유교의 경우는 불교와 공존할 수 있지만, 도교의 경우는 국가적 분열이 우려되며 고구려가 혼란에 빠질 것을 우려하고 있다.

보덕화상의 불교관이 『열반경』에 기준을 두고 있다면 그것은 불성론이며 불신상주의 설일 것이다. 불성론의 요지는 모든 존재가 성불할 수 있는 불성을 가지고 있지만, 수행하지 않으면 결코 성불할 수 없다. 그러므로 오로지 복을 구하는 것만으로는 견성성불에 이를 수 없다는 것이다. 더구나 서릿발 같은 계율 아래 신앙심이 요구되는 것이므로 도교를 수입하여 불교를 상대적인 가르침으로 보려는 연개소문의 정책에 동의하기 어려웠던 것이다.

이에 비해 백제는 성왕이 양(梁) 나라의 무제에게 『열반경』을 보내줄 것을 요구하여 불교사상을 나라의 중요한 가르침으로 존중하였다. 보덕 화상이 백제로 귀화한 배경에는 이런 두터운 백제의 불교신앙도 작용하였을 것으로 본다. 거기에다 명덕(明德)이라는 제자의 건의도 작용했을 것으로 보인다.[44] 물론 표면적인 이유는 "고구려가 도교만을 존숭하고 불법을 숭상하지 않으니 나라가 오래 가지 못할 것"이라는 판단을 전제로 한 것이다.[45] 『삼국유사』에는 다음과 같은 기록도 보인다.

> 스님에게 덕 높은 제자 11명이 있었다. 무상(無上) 화상과 김취(金趣) 화상 등이 금동사(金洞寺)를 창건하고, 적멸(寂滅)과 의융(義融) 두 스님이 진구사(珍丘寺)를 창건했으며, 지수(智藪)가 대승사(大乘寺)를 창건하고, 일승(一乘)과 심정(心正)·대원(大原) 등이 대원사(大原寺)를 창건하고,

---

43) 李乃沃, 「淵蓋蘇文의 執權과 道敎」, 『歷史學報』 99·100 合輯, 1983, p.93.

44) 李奎報, 『東國李相國集』 권23, 「南行月日記」, "…… 弟子明德曰 全州高達山 是安住不動之地."

45) 위의 책 같은 쪽, "一日忽謂弟子曰 句麗唯尊道敎 不崇佛法 此國必不久矣."

> 수정(水淨)이 유마사(維摩寺)를 창건했으며, 사대(四大)와 계육(契肉) 등이 중대사(中臺寺)를 창건하고, 개원(開原) 화상이 개원사(開原寺)를 창건하고, 명덕(明德)이 연구사(燕口寺)를 창건하고 개심(開心)과 보명(普明) 또한 전기가 있는데 모두 본전(本傳)과 같다.[46]

기사(記事)의 제목을 '보장봉노 보덕이암(寶藏奉老普德移庵)'이라고 한 것은 보장왕이 노자의 도교를 받들었기 때문에 보덕이 암자를 옮겼다는 것이다. 이규보(李奎報, 1168~1241)와 일연(一然)의 기록이 일치하고 있다. 그리고 『삼국유사』에는 보덕화상의 제자들에 대한 구체적인 이름은 물론이거니와 사찰의 이름까지 명시되어 있다. 열반종의 사찰은 주로 백제의 옛 땅인 호남지방에 있으며, 열반종의 본산이라고 할 수 있는 경복사는 조선초기까지도 명맥을 유지하고 있었다. 당시에 창건된 열반종의 사찰 가운데 경복사는 절터로만 남아있는데 현재 전라북도기념물 제108호로 지정되어 있다. 절은 행정구역상 전북 완주군 구이면 광곡리에 속하며 화원 마을과 평촌리 상하보 마을을 잇는 고덕산(高德山, 해발 603m)에 위치하고 있다.[47] 이 절터에는 삼국시대의 것으로 보이는 유물이 많이 출토되어, 17개소의 건물지와 석등 대좌의 유구 등이 확인되었고, 650년에 창건되었다는 기와 조각의 명문이 발견되었다. 고덕산 자락 아래에도 옛 가람터를 확인할 수 있는 석재 등의 건축부재가 곳곳에 남아 있다고 한다.[48]

---

46) 『三國遺事』 권3. 興法 3. "寶藏奉老普德移庵)師有高弟十一人 無上和尙與金趣等創金洞寺 寂滅義融二師創珍丘寺 智藪創大乘寺 一乘與心正大原等創大原寺 水淨創維摩寺 四大與契育等創中臺寺 開原和尙創開原寺 明德創燕口寺 開心與普明亦有傳 皆如本傳."

47) 윤덕향, 「경복사지의 현황과 가람에 대한 추론」, 『보덕화상과 경복사지』(전라문화총서 9), p.125, 전북대 전라문화연구소, 신아출판사, 2003.

48) 위 윤덕향의 논문은 현황, 연혁 및 조사 경과, 조사 내용, 유물, 고찰로 나누어 자세하

금동사(金洞寺)는 금당사(金堂寺)라고도 한다. 현재 대한불교조계종 제17교구 본사인 금산사(金山寺)의 말사인데, 전북 진안군 마령면 동촌리 마이산에 있다. 보덕 화상의 11제자 중 한 사람인 무상(無上)이 그의 제자인 김취(金趣)와 함께 세웠다고 한다. 당시는 지금의 위치보다 약 1.5㎞ 떨어진 곳이었다. 그래서 예전 자리를 고금당(古金塘) 혹은 자연동굴을 법당으로 삼았으므로 혈암사(穴巖寺), 또는 금동사(金洞寺)로 불렀다고 한다. 지금의 자리로 옮긴 것은 1675년(숙종 1)의 일이다. 현재 전라북도유형문화재 제18호로 지정되어 있으며 괘불(掛佛)은 보물 제1266호로 지정되어 있다.

전북 임실의 진구사도 상당기간 동안 유지되어 왔던 것으로 알려져 있다. 고려 후기 희종의 아들인 경지(鏡智)와 충선왕의 처남 조의선(趙義旋)이 이곳 주지를 지낼 정도로 명찰이었다.[49] 9세기 무렵 통일신라 말기 때 작품으로 추정되는 전북 유형문화재 제82호로 지정되어 있는 진구사의 석조비로자나불(높이 219.0㎝)을 그 방증(傍證)으로 삼아도 좋을 것이다. 그 외 대원사, 유마사 등도 현존하고 있는 유명 사찰이다. 이런 점으로 볼 때 열반종은 삼국시대부터 이미 그 사세를 떨쳤던 영향력 있는 종단이었다고 하겠다.

게 다루고 있다.

49) 2011년 7월 26일자 연합뉴스 "국립전주박물관 임실 특별전 개막"에서 발췌.

Ⅲ. 통일신라시대의 열반종

통일신라시대에는 이른바 오교구산(五教九山)이 불교 종단을 지칭하는 대표적인 용어이고, 이 가운데 오교의 하나가 열반종이었다는 것이다. 이러한 주장은 포광 김영수(包光 金映遂, 1884~1967) 박사의 「禪宗九山의 來歷」[50]이나 「五教兩宗에 對하여」[51]라는 논문에서 비롯되고 있다. 오교는 『삼국사기』나 『삼국유사』 등의 문헌에는 보이지 않고 있는데도 그는 "事實 朝鮮에 있어 涅槃·法性·戒律·華嚴·法相 등 後世의 所謂 五教라고 稱한 大乘佛教가 次第로 建立되기는 新羅 武烈王 때로부터의 일이다"[52]라고 하고 있다. 그의 주장은 이렇게 정리된다.

涅槃宗	新羅 武烈王 時	普德和尚
戒律宗	新羅 善德女王 時	慈裝律師
法性宗(海東宗)	新羅 文武王 時	元曉大聖
華嚴宗	神文王 時	義湘大德
法相宗	景德王 時	眞表律師

그런데 이 주장에 대하여 김영태 교수는 "그와 같은 사적 다섯 宗派와 그 宗祖 및 開宗에 史的 根據가 어디에 있는가 하는 점"에 대하여 강한 의문을 제기하고 있다.[53] 다행히 「禪宗九山의 來歷」에서 그 근거를

50) 이 논문은 1937년 1월 『東洋思想研究』에 발표되었다.

51) 이 논문은 1937년 11월 20일 發行된 『震檀學報』 第8卷에 실려 있다.

52) 金包光, 「五教兩宗에 對하여」, 『震檀學報』 第8卷, p.75.

53) 金瑛泰 씀, 『韓國佛教史正論』, pp.506~507, (주)불지사, 1997.

제시하고는 있지만 역시 무리가 따르고 있다. 즉 포광 김영수는 「대각국사묘지명(大覺國師墓誌銘)」에서 말하고 있는 계율종(戒律宗)·법상종(法相宗)·열반종(涅槃宗)·법성종(法性宗)·원융종(圓融宗)·선적종(禪寂宗)을 전거로 삼는다는 것이다.[54] 그런데 문제는 전거로 든 것은 육종(六宗)이지 오종(五宗)이 아니라는 점이다. 그래서 그는 또 이렇게 그 모순을 풀고 있다.

> 就中 禪寂宗을 引例하여 說明할진대 經敎中 一娑婆世界를 百億世界라 함과 같이 一禪寂宗을 內別하면 九山이요, 九山을 總名하면 一禪宗이므로 五敎九山을 改稱하여 五敎一禪宗이라 하여도 可할지요, 再轉하여 五敎一禪을 六宗이라 하여도 亦可할지로다.[55]

계율(戒律)에서 원융(圓融) 곧 화엄종까지의 다섯 종을 오교(五敎)로 보고, 여섯 번째의 선적종은 구산(九山)을 총칭하는 것으로 보아 그것을 다시 내별하면 구산(九山)이 된다는 논리이다. 그러므로 오교구산(五敎九山)을 오교일선종(五敎一禪宗)이라 할 수도 있고, 또 오교일선(五敎一禪)을 육종(六宗)이라 할 수도 있다는 것이다. 그렇더라도 앞서 지적된 전거는 역시 풀지 못하고 있다. 그래서 김영태 교수는 이렇게 말하고 있다. "그 6宗은 當世之學佛者의 宗으로서 그 때 佛法을 공부하는 사람이 學究하였던 여섯 가지 專功分野(6種의 敎學 또는 學宗)"를 가르킨 것으로 볼 수 있다고.[56] 6종의 종명 다음에 이어지는 '육경(六經)과 칠략(七略) 등의 서적에 대해서도 심오한 취지(趣旨)를 발명하였으므로

---

54) 「興王寺大覺國師墓誌銘」, 『朝鮮金石總覽』 上, pp. 293-294. "景德歸寂師繼法門而當世之學佛者 有戒律宗 法相宗 涅槃宗 法性宗 圓融宗 禪寂宗 師於六宗 并究至極 外及六經七略之書 各發醇趣 故文考褒爲廣智開宗弘眞祐世僧統.」

55) 위 金瑛泰 씀, 『韓國佛敎史正論』, p.507.

56) 위 金瑛泰 씀, 『韓國佛敎史正論』, pp.512~513.

문고(文考)께서 포상하여 '광지개종홍진우세승통'이 되었다(師於六宗并究至極 外及六經七略之書 各發醇趣 故文考褒爲廣智開宗弘眞祐世僧統)'는 부분에서 김영태 교수의 주장이 훨씬 설득력을 갖는다.

그런데도 문제가 되는 것은 열반종과 천태종이다. 열반종은 신라시대에 성립된 종으로 고려시대까지 존속되었다. 보덕화상에게『열반경』을 배운 원효대사는『涅槃經宗要』를 저술하였지만, 법성종의 개조로 분류하고, 의상대사는 화엄종으로 분류하고 있다. 지금은 비록 실전(失傳)되고 말았지만 경흥(憬興)은『열반경소(涅槃經疏)』,『열반경술찬(涅槃經述贊)』,『열반경요간(涅槃經料簡)』을 남겼고[57] 의적(義寂) 또한『열반경강목(涅槃經綱目)』,『열반경소(涅槃經疏)』,『열반경의기(涅槃經義記)』,『열반경운하게(涅槃經云何偈)』와 같은 주석서를 남겼다.[58] 그런데도 열반종의 인물로 분류되지 않고 있다.

현존하는『열반경종요』의 저자 원효의 입장은 특정 종파의 개조(開祖)라기보다는 모든 종파를 회통하는 소위 화쟁불교(和諍佛教)의 상징적인 인물이다. 그렇다면 통일신라시대의 열반종이란 경복사를 중심으로 해서 존재하기는 하였지만 모든 종파 속에 공법(共法)으로 존재했다고 할 수 있다. 그러한 사상이 회통불교에 영향을 미쳤다고 한다면 열반종의 회통적 사상은 '일천제성불론(一闡提成佛論)'이 구산선문의 선종에, '불성론(佛性論)'은 후에 천태종에 영향을 미쳤을 것이다.

그렇다면 통일신라시대의 열반종은 단지 경복사라는 사찰을 의미할 수는 있어도 특별히 독립된 하나의 종단으로 계속 성장하지는 못했다고 하겠다.

---

57) 東國大學校 佛教文化研究所 編纂,『韓國佛教撰述文獻總錄』, p.41. 東國大學校出版部, 1976.

58) 위『韓國佛教撰述文獻總錄』, pp.62～63.

Ⅳ. 고려시대의 열반종

고려시대의 열반종에 대해서는 두 가지 이견이 있다. 하나는 시흥종으로 바뀌었다는 것이고, 다른 하나는 천태종에 흡수되었다는 것이 그것이다.

1. 始興宗으로 바뀌었다는 설

고려시대 열반종에 관한 것은 「興王寺大覺國師墓誌銘」에 처음 보이기는 했지만 그것이 종파라고 하기에는 전거(典據)가 너무 미약하다는 아쉬움이 있음을 앞장에서 살펴보았다. 그런데 포광 김영수보다 앞서 이능화(李能和, 1869~1943)의 『조선불교통사(朝鮮佛敎通史)』에 불교 종파를 분류한 것이 있다.[59] 이를 근거로 허흥식(許興植)은 아래와 같이 간단하게 표로 정리하였다.[60]

宗派名(異稱)	主要經典	中國의 開祖	韓國의 開祖
倶舍宗	倶舍論	眞諦(陳文帝時)	
性實宗	成實論	鳩摩羅什(姚秦時)	圓光, 元曉
三論宗(性宗·空宗)	三論	嘉祥	慧灌, 元曉

59) 李能和,「印支淵源羅麗流派」,『朝鮮佛敎通史』中篇, pp.60~91. 慶熙出版社, 1968.

60) 許興植,「宗派의 起源에 대한 試論」,『高麗佛敎史硏究』, p.107, 一潮閣, 1986.

攝論宗	攝大乘論	眞諦三藏	圓光, 元曉
涅槃宗	涅槃經	曇無讖(北京時)	圓光, 元曉
天台宗(法華宗)	法華經	惠思 · 智顗(北齊)	玄光, 波若, 元曉
法相宗(唯識宗·慈恩宗)		玄奘 · 窺基(唐)	圓測, 元曉
地論宗	十地論	菩提流支	(朝鮮僧科十地論)
眞言宗	陀羅尼	善無畏	惠通
淨土宗(蓮)	無量壽經	慧遠	(『三國遺事』郁面)
律宗(南山宗)	五部得	道宣	謙益, 자장, 元曉
華嚴宗(賢首宗·法界宗)	華嚴經	杜順	義湘, 元曉
禪宗	(禪那)	達磨	道義

원광과 원효를 한국 열반종의 개조로 보고 있다. 이능화는 이렇게 말한다. 『당고승전(唐高僧傳)』에는 원광이 25세에 배를 타고 진(陳) 나라의 금릉(金陵)으로 가서 임금에게 글을 올려 불법(佛法)에 귀의할 것을 청하니, 왕은 칙령을 내려 허락하였다. 그래서 비로소 머리를 깎고 구족계를 받아서 강원이 있는 곳이면 찾아가 도리를 다 배웠다. 그리하여 『성실론』과 『열반경』을 얻어 마음속에 간직하고 삼장석론(三藏釋論)을 두루 연구하였다는 것이다.[61] 그리고 "'『신라사(新羅史)』를 보면 "황룡사에서 백고좌를 베풀었는데, 원광을 청하여 경을 강의하게 하였다. 운운.'이라고 하였으니, 그가 배운 여러 종(宗)의 깊은 뜻을 널리 유통시킨 것은 말하지 않아도 상상할 수 있는 일이다"[62]라 하기도 하였다. 이를 미루어 보면 이능화는 종파를 주요 경전과 연결시켜 구분

61) 역주『조선불교통사』3, pp.172~173에서 발췌. 동국대학교출판부, 2010. 原文은 위 李能和의『朝鮮佛敎通史』, p.65.

62) 위 역주『조선불교통사』3, p.174.

짓고 있음을 알 수 있다.

원효에 대해서도 그렇다. 대각국사 의천(義天)의 『신편제종교종총록(新編諸宗教藏總錄)』에 나와 있는 『대열반부종요(大涅槃部宗要)』 2권과, 의상과 함께 보덕화상에게 『열반경』을 배운 사실에 근거하여 이들을 열반종의 개조로 본 것이다. 그러면서 해동의 열반종은 고려 중엽까지 문파가 있었으나 일단 천태종이 흥성한 이후에는 마침내 다시 그 이름이 들리지 않았는데, 그것은 중국의 열반종이 천태종에 속해 버린 것과 같다는 것이다. 그래서 김영태 교수는 고려 말기에는 조계종 · 총지종 · 천태소자종 · 천태법사종 · 화엄종 · 도문종 · 자은종 · 중도종 · 신인종 · 남산종 · 시흥종과 같은 11종을 보고 있다. 즉 열반종이 그 때에는 없었다는 것이다.

그런데 포광 선생은 앞서 본 것처럼 6학불종(學佛宗)을 종파로 보았기 때문에 계율종은 남산종, 법상종은 자은종, 열반종은 시흥종, 법성종은 해동종 또는 중도종, 원융종은 화엄종이라고 한 것을 보면[63] 이능화의 주장에 반하여 열반종은 시흥종으로 바뀌었다는 것이다.

> 오교양종 중에서 제일 먼저 흥기한 종(宗)이라고 하여 시흥종(始興宗)이라고도 하는 것이다. …… 다카하시 도루(高橋亨) 氏는 조선불교월보에서 발행한 조선불교종지 변천이란 논문 중에서 始興宗은 정토종인 듯하다고 말한 일도 있었고, 또 이능화씨는 불교통사에서 始興宗은 천태종이라고 의견을 붙인 후 그 뒤를 권상로씨는 불교잡지에서 始興宗은 천태종의 일파라고 역설한 일도 있었다. …… 이조 세종 6년 화엄 · 자은 · 中神 · 시흥의 四教를 합하여 교종이라 하였다. …… 열반종의 근본도량인 전주 경복사가 들어있다. …… 시흥종이 즉 열반종이요, 열반종이 즉 시흥종이라 할 수 있다."[64]

---

63) 金映遂, 「始興은 涅槃宗의 異名」, 『日光』 第3號, 中央佛教專門學校校友會 發行.

64) 金暎遂, 「오교양종에 대하여」, p.81.

고려시대의 열반종은 다름 아닌 시흥종이라고 하면서 그 증거로 『조선왕조실록』을 들고 있는 것이다. 즉 세종조에 선교양종을 분류할 때 전국의 사원을 종단별로 분류하였는데, 그 가운데 전주 경복사 등 열반종의 사찰을 시흥종이라고 한 것이 그 증거라로 본 셈이다.

2. 天台宗으로 흡수되었다는 설

시흥종(始興宗)에서 시흥(始興)이 무엇인가에 대해서 시흥산(始興山)에서 유래했다고도 볼 수 있다. 시흥산의 주요 인물은 천태말학(天台末學)인 운묵화상(天台末學雲默和尙)을 꼽을 수 있다. 이 점에 있어서도 천태종은 열반종의 사상을 수용한 것이 나타난다. 그의 법명은 운묵(雲默)이고 법호는 부암(浮庵)이며 자는 무기(無寄)라고 하는데 천태종 백련사(白蓮社)의 4세 천책(天頙)의 제자이다. 만덕산 백련사로 출가하여 불인정조(佛印靜照) 국사에게 머리를 깎고 스님이 되었다. 국사에게 불도의 심오한 뜻을 배운 뒤 과거(僧科)에 응시하여 최상급인 상상과(上上科)에 합격 했다. 굴암의 주지를 얻었으나 이내 떠나 금강산, 오대산 등지를 유력 하다가 시흥산(始興山)에 이르러 한 암자에 머물렀다. 여기서 『법화경』을 외고 아미타불을 염하면서 불화(佛畵)를 그리고 경전을 베끼면서 20년을 정진하면서 『석가여래행적송(釋迦如來行蹟頌)』을 저술하기도 하였다.

한편 대각국사 의천은 열반종의 본사인 고대산 경복사의 비래방장(飛來方丈)에 모셔진 보덕성사 진영을 참배한 기록을 남겨 놓았는데, 이것은 천태종이 열반종의 사상을 계승하고 있다는 하나의 상징성을 말한다고 할 수 있다. 그 때 남긴 찬시는 이렇다.

『열반경』과 『방등경』의 가르침
우리 스님으로부터 전해 받았네.
원효 · 의상 두 성인이 이 책을 펴고 배우니
보덕 성사가 홀로 독보적일 때이러라.
인연 따라 몸은 남북에 맡겼지만
도에 있어서는 맞이하고 따라줄 이가 끊어졌네.
애석하다! 방장실을 날리신 뒤에
동명성왕 옛 나라가 위태로웠네.[65]

천태종을 개종한 대각국사 의천은 열반종의 의의를 강조하면서 보덕화상을 대승불교의 대표적인 고승으로 추앙한다. 그는 천태종과 열반종이 밀접하게 관련되었다고 여겼다. 왜냐하면 『열반경』에서 설해지고 있는 불성(佛性)이 모든 중생의 보편적 깨달음을 주장하는 이론이기 때문이다. 이러한 『열반경』의 불성론(佛性論)은 일체중생실유불성(一切衆生悉有佛性)이 대표적이다. 불성은 붓다의 본성(Buddha-nature)으로서 깨달음 그 자체를 의미한다. 『열반경』에 따르면 모든 중생은 이러한 불성을 본래적으로 자기의 본성으로서 갖고 있기 때문에 미래에 반드시 부처가 된다. 천태종의 개조인 천태 지의대사는 『법화경』에는 불성(佛性)이라는 개념이 등장하지 않지만, 『법화경』의 일승(一乘)과 『열반경』의 불성(佛性)이 모든 중생의 보편적 깨달음의 가능성을 주장한다는 점에서 이 둘은 하나라고 보았던 것이다. 대각국사의 천태종은 조계종과 더불어 선종으로 분류되지만 불교의 본질을 담지하고 있는 열반종의 사상을 존중하고 그것이 대승불교 전반을 포용하는 사상이

65) 義天, 『大覺國師文集』 권17, 「孤大山景福寺飛來方丈 禮普德聖師影」, 『韓國佛教全書』 4-559상. "涅槃方等教 傳受自吾師(元曉義相 嘗在講下 親稟涅槃維摩經等) 兩聖橫經日 高僧獨步時 從緣任南北 在道絶迎隨 可惜飛房後 東明故國危."

라고 하면서 보덕화상을 한국불교에 있어서 중요한 위치로 중시하고 있음을 알 수 있다.

이밖에 유의할 점은 고려시대에도 여전히 열반사상을 중요시하였다는 점은 부처님의 반열반(般涅槃) 때의 가르침을 담은 『유교경』이 중시되어 간행되기까지 하였다는 사실에서도 알 수 있다. 고려 고종 29년 고려대장경으로 출간된 이 『유교경』의 공식적인 온전한 명칭은 『불수반열반약설교계경(佛垂般涅槃略說教誡經)』이다. 달리 『불임반열반약설교계경(佛臨般涅槃略說教誡經)』, 또는 『불임반열반경』(佛臨般涅槃經)』이라고도 하는데 줄여서 『불유교경(佛遺教經)』이라고도 한다. 이 경전은 산스크리트어 원전도 현존하지 않을 뿐만 아니라 티베트어 역본(譯本)도 없으며, 5세기 초 구마라집이 번역한 한역본이 유일하다.

이 경의 내용을 요약하면, 석존이 녹야원에서 5비구를 교화하고 난 후 중생제도의 사명을 마쳤으므로 '쿠시나가라'의 숲속 사라쌍수(沙羅雙樹) 아래에서 곧 입멸할 것임을 예고한다. 입멸 후에는 바라제목차(波羅提木叉)를 스승으로 삼아 계율을 잘 지키고, 신심(身心)을 잘 다스려 5욕(欲)을 억제하고, 정적(靜寂)을 구해서 정진하며, 정(定)을 닦아 깨달음의 지혜를 얻을 것을 설한다. 석존은 자신의 반열반이 허무하게 끝나는 것이 아니라, 다시 법신(法身)의 상주(常住)와 세간의 무상을 극복하는 것이므로 자신의 입멸을 슬퍼하지 말고 노력을 다해 빨리 해탈을 얻어서 지혜의 광명으로 무명(無明)의 어두움을 떨쳐 버릴 것을 가르치고 있다. 이처럼 이 경은 석존이 입멸에 즈음하여 제자들에게 남긴 최후의 유계(遺誡)를 그 내용으로 하는 것으로 『열반경』의 구성과 같다고 하겠다.

이 열반사상은 고래로 선가(禪家)에서는 『사십이장경(四十二章經)』,

『위산경책(潙山警策)』과 함께 『불조삼경(佛祖三經)』의 하나로 중요시해 왔다. 그러므로 『열반경(涅槃經)』 또는 마명의 『불소행찬(佛所行讚)』 등과 문체상 혹은 구조상 비슷한 점이 많아 서로 밀접한 관계가 있음을 알 수 있다. 『불소행찬』의 제26품인 『대반열반품(大般涅槃品)』과는 운문(韻文), 산문(散文)이라는 차이가 있을 뿐 내용상으로는 일치하는 점이 많다. 그러므로 교종이 아닌 천태종 등 선종의 사상가운데서도 불교의 공법(共法)으로서 열반종이 중시된다는 점을 알 수 있는 것이다. 이런 점을 종합해보면 고려시대의 열반종은 후기에 시흥종으로 바뀌었거나 천태종에 흡수되었더라도 결국 같은 의미를 지니고 있음을 알 수 있다. 시흥이 천태나 다름없기 때문이다.

V. 조선시대의 열반종

조선시대는 억불숭유의 정책에 따라 기존의 불교종단을 선종과 교종, 두 종단으로 재정비되었는데 이 중 열반종은 교종에 속한 시흥종으로 편성되어 다음과 같이 분류되었다.

> 조계종(曹溪宗)과 총지종(摠持宗)은 합하여 70사(寺)를 남기고, 천태종(天台宗)·소자종(疏字宗)·법사종(法事宗)은 합하여 43사(寺)를 남기고, 화엄종(華嚴宗)·도문종(道文宗)은 합하여 43사(寺)를 남기고, 자은종(慈恩宗)은 36사(寺)를 남기고, 중도종(中道宗)·신인종(神印宗)은 합하여 30사(寺)를 남기고, 남산종(南山宗)·시흥종(始興宗)은 각각 10사(寺)를 남길 것입니다."[66]

열반종은 시흥종으로 분류되고 전국 10개의 사찰이 열반종에 속했던 것을 교종으로 통합했음을 알 수 있다. 그렇다면 태종 당시 10개의 열반종 사찰은 어디를 말하는가? 태종 7년(1407년)에는 과거 열반종 사찰이었던 임실의 진구사가 국가의 자복(資福) 사찰로 중신종(中神宗)에 속하여 중시되었고, 시흥종(始興宗)에 연주(漣州)의 오봉사(五峰寺)·연풍(連豐)의 하거사(霞居寺)·고흥(高興)의 적조사(寂照寺)가 나타나 있다.[67]

66) 『太宗實錄』 태종 11권, 6년(1406 병술 / 명 영락(永樂) 4년) 3월 27일(丁巳) 1번째 기사. 선교 양종의 사찰수와 토지, 노비의 수를 제한하다.

67) 『太宗實錄』 태종 14권, 7년(1407 정해 / 명 영락(永樂) 5년) 12월 2일(辛巳) 2번째 기사. 여러 고을의 복을 빌던 절을 명찰을 대신 지정하다.

한편『세종실록』에는 열반종의 사찰이었던 경복사에 거주하는 스님이 70명으로 나타나 국가적으로 중시되었음을 알 수 있다. 다음의 기록을 보자.

> 조계(曹溪)·천태(天台)·총남(摠南) 3종을 합쳐서 선종(禪宗)으로, 화엄(華嚴)·자은(慈恩)·중신(中神)·시흥(始興) 4종을 합쳐서 교종(敎宗)으로 하며, 서울과 지방에 승(僧)들이 우거할 만한 곳을 가려서 36개소의 절만을 두어, 양종에 분속시킬 것입니다. …… 전주(全州) 경복사(景福寺)는 원속전이 1백결인데, 이번에 50결을 더 주고 거승(居僧)은 70명입니다.[68]

세종 6년에 불교 종단은 선종과 교종으로 나누어지고, 그 가운데서 중요 사찰로서 유서 깊은 열반종의 사찰인 경복사가 등장한다. 이로 보아 열반종은 시흥종으로서 고려까지 유지되다가 세종 때부터 교종의 중요 사찰로 경복사가 거론되고 있음을 알 수 있다.

조선조에는 교종에 비해 선종이 보다 우위에 있기는 하나 어느 한 쪽으로 치우치지 않은 회통불교였다고 보여지며, 열반종의 주요 가르침이 선교 양종에 두루 보편적인 불교사상으로 유지되었음을 알 수 있다. 우선 선종의 경우는 고려시대와 마찬가지로 석가모니불의 생애를 통해 불법의 진수를 얻으려 하는데 거기서 중시되었던 것이 부처님 열반시의 가르침인『유교경』이라고 할 수 있다. 이『유교경』은 고려시대에 이어 조선시대에도 선종에서 중시되어 출간되고 있다. 이 경전의 내용은 석가모니불이 성도(成道) 이후 40여년 동안 교화를 마치고 구시나가라 성 밖 사라쌍수 사이에서 열반에 들려 할 때 제자들을 위하여 설한 최후의 유계(敎誡)로『열반경』의 내용과 같은 것이다.

---

68)『세종실록』세종 24권, 6년(1424 갑진 / 명 영락(永樂) 22년) 4월 5일(경술) 2번째 기사.

결론

열반종의 開宗은 삼국시대 고구려의 보덕화상이 그 효시가 되며, 전주 경복사를 중심으로 해서 그의 제자들이 『열반경』을 중심으로 한 가르침을 전개하였던 것이다. 보덕화상의 사상은 통일신라시대에 원효·의상·경흥·의적 등에 의해 『열반경』 주석서가 이미 등장할 정도로 중시되었다. 현존하는 원효의 『열반경종요』를 보더라도 그 위상이 잘 드러나고 있다.

대각국사 의천에 의해 정리된 교종의 오교 가운데서도 열반종은 가장 먼저 등장하는 종파이기는 하지만 이때의 분류는 사상의 중심이라기보다는 사찰이 중심이 된 것이다. 원효나 의상이 각기 독립된 사상을 가지고 있었다기보다는 원효의 분황사나 의상의 부석사 등의 장소가 더 의미를 가진다. 그러므로 오교구산(五教九山)이란 교종과 선종의 중심 사찰을 의미하는 것이다.

그리고 통일신라시대의 열반사상은 대승불교의 가르침 가운데 불성(佛性)과 불신상주(佛身常住)의 가르침이며, 역사적 석가모니 부처님의 열반 또한 의의를 갖는 것이므로 통불교적 성격을 띈 것이라 할 수 있지만 꾸준히 성장하지는 못한 것 같다.

고려시대에도 오교(五教)가 등장하는데 이때는 시흥종(始興宗)의 사찰들이 열반종과 관련을 맺지만, 대각국사 의천의 천태종이 열반종의 불성(佛性) 사상을 적극적으로 수용하고 있음을 알 수 있다. 선종에서도 『유교경』이 부처님의 열반시의 가르침에 기초한 『열반경』의 사상을 펼치고 있으므로 열반종은 통불교적 성격으로 중시되고 있었음을 알 수 있다.

조선시대에는 오교양종(五敎兩宗)이 선종과 교종으로 분류되는데, 이때의 분류 기준은 거의 사찰중심이었다. 국가에서 유지시켜야할 사찰이 각 종파별로 분류되어 크게 선종과 교종의 보존가치가 있는 사찰을 가지고 말하는 것이다.

마지막으로 『열반경』의 사상을 중시한 열반종은 선종(禪宗)에서는 불성론(佛性論), 정토종에서는 불신상주의 사상이 아미타신앙으로, 그리고 화엄종 등의 교종에서는 통불교적인 융합사상으로 불교의 보편적 가르침으로 수용되었다고 하겠다.

17세기 징광사澄光寺의 불서출판

1. 징광사의 위상과 인물

징광사는 전라도 낙안(지금의 보성군 벌교읍 징광리)에 있었다. 조선시대 척불의 시기에 그치지 않고 이루어진 징광사의 불서 출판 등의 불사와 고승대덕들의 흔적이 깃든 유서 깊은 이 절은 지금은 폐사지로 남아있다.

이 절의 창건은 철감 국사에 의해서였다. 절 이름인 징광이란 말에 대해 '징광사 중창기'에서 '지의 바다가 맑고 푸르며 혜의 빛이 홀로 빛난다.(智海澄淸 慧光獨耀)'의 약자라고 말했다. 정유재란때 왜군에 의해 불타버린 비운을 맞이했다가, 광해군 12년(1620) 봄에 승 도혜(道慧)가 금화산 상암(上庵)을 중창하였고, 5년 후 인조 4년(1626) 낙안군수로 부임한 임경업이 금화산에 왔다가 쇠퇴해진 것을 보고 집을 수리하고 승려들을 불러 모았다고 한다. 징광사가 번창하던 17세기 조선후기의 학자 김창흡(金昌翕, 1653-1722)은 징광사에 대한 감상을 남기기도 했다.[69] 여기서 징광사 불서출판에 대해 언급한 대목이 있다.

69) 김창흡,『三淵集』拾遺 권10. 시. 澄光寺 '湖南第一刹 初地睹雄宏 寶月函澄井 祥雲擁化成 輸經龍有力 帶箭佛猶生 辯老禪蹤在 長流寒拾情' 김창흡의 부친 김수항

그리고 징광사는 조선후기에 중요한 고승들이 수행했던 공간이었기 때문에 주요한 인물에 대해 약술하고자 한다. 왜냐하면 징광사의 위상과 불서출판은 이러한 인물들의 위상과 관련되어 그 의의를 가질 수 있기 때문이다.

징광사의 고승 가운데 영월(詠月, 1570-1654)대사는 처음에는 부휴 선수대사에게 입문하였다가 서산 휴정에게 입실하여 인가를 받았다. 불교뿐만 아니라 유교와 노장철학에서 밝았고, 주옥같은 시를 통해 깨달음과 아름다움을 노래했다.

마음 수행 가운데 특히 하심을 강조했다. '청신명(淸神銘)'에서 '방편이 비록 많다하더라도 하심(下心)이 먼저다. 낮추기를 다하고 공경을 다하자'고 하여 청정한 정신을 지킬 수 있다고 강조했다. 조선시대의 거의 모든 스님과 마찬가지로 화엄과 선 그리고 염불을 통해 마음수행을 했고 자빙의 생애를 보냈는데, 그러나 그 진면목은 참선을 우선했다. 징광사 불서 가운데 최초인 영월대사문집의 주인공이다.

다음 인물은 침굉 현변(1616-1684)이다. 속성이 윤씨이고 총명성으로 어린 시절부터 신동이라고 칭송되었고 13세에 출가하여 보광 건우선사(葆光 虔祐禪師), 서산대사의 수제자인 소요 태능 화상, 그리고 송계 원휘(松溪 圓輝) 화상과 같은 당대 대선지식들에게서 공부했다.

이 중 침굉 선사는 문자를 놓고 참선을 시작하면서 말하기를 "천만권의 경책을 읽어도 눈먼 것을 구하지 못하는구나. 그러니 부처를 멀리서 따로 구할 것이 아니라 내 마음이 곧 부처이다."하고 이로부터 문자 생활은 그만두고 마음 닦는 일에 힘썼기에 도가 크게 진취되었다. 뒷날 제자들에게 구전된 게송들을 모아 다시 책으로 만들었는데 그것

은 영암 지방에서 3년 동안 유배되었으며, 그깨 백암 성총과 교류하고 아들들도 그 인연으로 징광사를 찾게 된 것이다.

이 바로 오늘날 전해져 내려오는『침굉집(枕肱集)』이다. 이 문집의 부록에는 한글가사인 '귀산곡(歸山曲)'과 '태평곡' 그리고 '왕생가'가 있어서 17세기 한글의 모습을 볼 수 있다. 세속적인 학문과 교육도 중요시하고 염불과 교학도 중요시했지만, 선사의 글에 '방교참선(放教參禪)'이라고 하였으니 교학을 내려놓고 참선을 하라는 것으로 보아 근본 사상은 참선에 있음을 알 수 있다. 1684년 69세로 징광사에서 가부좌를 하고 자는 듯 열반에 들었으며 시신을 화장하지 말고 뒷산에 버려 벌레나 새들 그리고 들짐승들이 먹도록 하라는 단호한 유언을 남겼다. 선사의 유언에 따라 제자들이 시신을 금화산 바위틈에 모셨는데, 이상하게도 새나 짐승은 물로 벌레도 달려들지 않고 그 모습이 변하지 않았다고 한다. 주요 유적들이 선암사에도 있지만 여러 기록들을 종합해 볼 때 중요한 시간을 징광사에서 보내고 입적했던 인물이다.

추붕 설암선사(1651-1706) 또한 징광사의 고승이다. 설암의 비명과 사리탑도 있었으나 지금은 멸실되었다. 서종태의『만정당집(晩靜堂集)』에 비문의 전문이 있으며 비석은 남쪽 언덕에 있는데 그 내용에서는 추붕 설암대사의 법맥을 상세히 소개하고 다비하여 남쪽 언덕에 사리탑을 모셨다고 되어 있다.[70] 설암도 대흥사의 법맥으로 정리되고 있으나 징광사에 그 유적이 남아 있었다.

묵암 최눌(默庵 崔訥, 1717-1790)도 징광사의 주요 고승이다. 14세에 징광사에서 돈정(頓淨)대사에게서 머리를 깍고 18세에 萬里대사에게서 구족계를 받고 19세에 조계산 송광사에 들어갔다. 그곳에서 풍암대사의 제자가 되어 4,5년간 공부간 공부를 한 후 여러 고승을 역방하였으며 영해 약탄스님에게서도 일시 지도를 받았다. 그의 저술로『화엄

---

70)『만정당집(晩靜堂集』권14. '金華山澄光寺雪巖禪師碑銘' 서종태(1652-1719)의 문집.

과도(華嚴科圖)』, 『제경문답(諸經問答)』, 『반착회요(盤錯會要)』 각 1권이 있으며, 또한 그의 법어 · 편지 · 시 · 문 등을 모은 문집인 『묵암집(默庵集)』 세 권이 있다. 이 묵암집에는 유생들과 불교에 대하여 과감히 논쟁한 것이라든지 왜승에게 의연한 기백으로 응답한 시 등이 풍부하게 들어 있어 그의 사상과 인품을 잘 알 수 있게 한다. 특히 그는 화엄학에 일가를 이루어 화엄종 승려로 손꼽히고 있다.

특히 묵암은 징광사의 종이 공급(紙役)의 폐단에 대해 일일이 적시하고 왕에게 그 부당함을 상소하였다.[71] 징광사에서 종이 제작으로 인해 많은 불서를 출판할 수 있었지만 동시에 부당한 종이 공급에 큰 고초를 겪고 있었음도 알 수 있다. 묵암은 송광사의 법맥과 겹치지만 징광사에서 출가했고 당시의 고통을 대변했던 인물이다.

불서출판에 있어서 직접적인 역할은 없었지만 기라성 같은 고승들이 머물고 그의 제자들이 운집함으로써 후일의 불서출판의 기반이 된 인물들이라고 할 수 있다. 이러한 징광사의 인물과 불서출판에 대해서는 박상국의 『전국사찰소장목판집』[72]을 바탕으로 이옥금의 '조선조 호남 사찰판에 관한 서지적 연구'[73]에서 간략히 소개했으며, 이계표의 '징광사의 역사와 불전간행'[74]에서 구체적인 윤곽이 드러났고, 조명제의 '조선후기 부휴문파의 동향과 사상'[75]등에서도 부분적으로 징광사의 불서출판에 대해 소개하였으나 이후 본격적인 논문으로는 발표되지 않고 있다.

---

71) 『묵암집(默庵集)』, 韓佛典 10권. p.22. '廢紙上疏' 중 지나친 종이 공급을 항의.

72) 문화재 관리국. 1987.

73) 상명여대 대학원 석사논문. 1988.

74) 광주대학교 호남문화연구소 정례발표회 발표문. 2003. 6. 4.

75) 호남불교문화연구소 개소식 및 창립기념 학술발표회 발표문, 전남대학교 호남불교문화연구소, 2008. 5. 30.

2. 징광사의 불서출판

조선시대 어느 절에서건 불서를 출판할 수 있었지만 징광사의 경우는 호남지방에서 송광사 다음으로 그 발행 책자가 많다. 징광사의 불서출판을 주도한 백암 성총(柏庵 性聰, 1631-1700)은 13세에 송광사로 출가하고, 지리산에 들어가 수초 취미대사의 문하에서 9년간 수학했다. 8도의 여러 명산을 유력(遊歷)하고 특별히 자주 승주 송광사, 낙안의 징광사, 하동의 쌍계사에 왕래하고 언제나 전미개오(轉迷開悟)를 하여 학도에게 가르쳤다.

징광사에서 대대적인 출판이 이루어진 계기는 명나라 평림섭(平林葉)거가사 편찬한『화엄경소초』와『대명법수(大明法數)』,『회현기(會玄記)』,『금강기(金剛記)』,『기신소(起信疏)』,『정토보소(淨土寶書)』등 400여권과 임자도에 표류한 중국배에서 190권의 불경을 입수했기 때문이다. 이를 바탕으로 15년에 걸쳐 5000판 정도의 경판을 제작하였다.

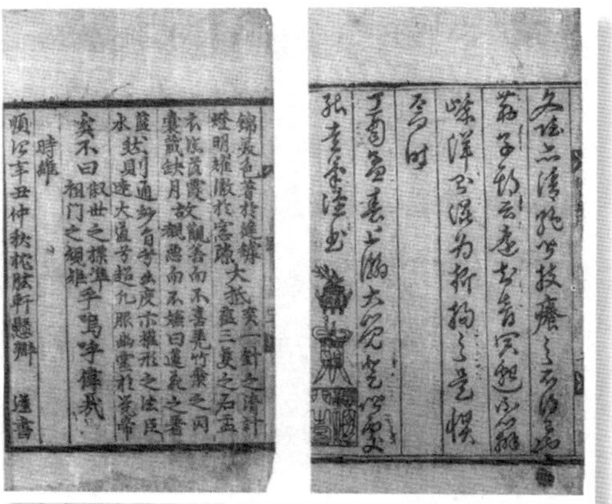

「영월대사 문집」 국립도서관 소장

"최근에 다행히 중국의 책을 얻어서 소초(疎秒; 大方廣佛華嚴經疎演義抄)와 함께 청량국사의 오래된 것을 더욱 새롭게 평림(平林)거사가 편집하여 유포하였다. 만약 자기만 사사로이 지니고 대중들과 함께 하지 못한다면 어찌 사람들과 함께 한다고 할 것인가. 작은 책장에 감추고 그 전달을 널리 하지 않는다면 널리 중생에게 미치는 자가 아니다. 그래서 거듭 판목에 새겨 그 전법이 오래가고자 하고 문득 초학자와 후학들을 위하여『대명법수(大明法數)』도 함께 간행한다."[76]

이 불서를 토대로 복각판을 만들어 보급했던 것이다. 종이를 생산할 수 있는 환경에 새로운 책을 얻은 성총은 자신만이 간직하기에는 소중하다고 판단하여 본격적인 출판 불사에 들어갔던 것이다. 또한 시대의 분위기가 임진 병자 양란이후 명나라가 아닌 청왕조가 이미 등장하고 그 청나라의 서책들이 들어옴으로 인해 활발한 불서출판을 가능하게 했던 것도 하나의 환경변화라고 볼 수 있을 것이다.

3. 17세기 현종대의 징광사 불서

*『영월당대사문집(詠月堂大師文集)』

현종 2년(1656)년 판본으로 징광사의 대표적인 스님이라고 할 수 있는 영월 청학의 문집이다. 서문은 백곡(白谷) 처능(處能)이 쓰고 발문은 칭굉(枕肱) 현변(懸辯)이 썼다.[77]

---

76)『백암집(栢庵集)』,'重刊華嚴經會編疎鈔落成慶懺疎'

77)『영월당대사문집(詠月堂大師文集)』,『韓佛全』8권. p.221.

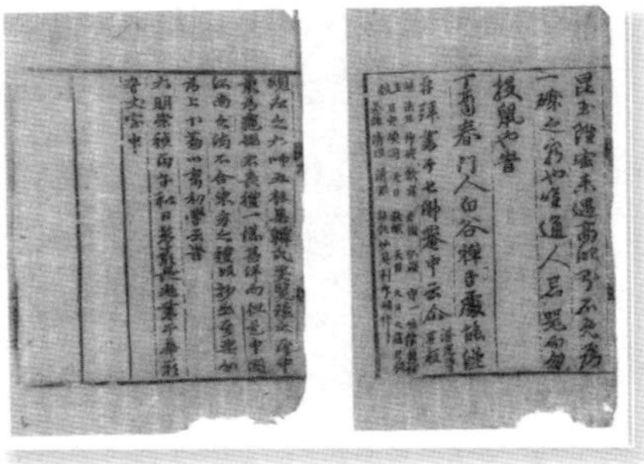

「석문상의초」 동국대학교 도서관 소장

*『석문상의초(釋門喪儀抄)』

현종 2년(1656)의 판본이다. 이 책은 화엄사의 벽암이 이미 정리한 것을 다시 징광사에서 두 번(1656, 1705) 판각한 것이다. 징광사판에는 벽암의 서문과 백곡 처능의 발문이 있다. 정유년 봄 문인 백곡 처능이 칠불암에서 쓰고 징광사에서 개판했다[78]고 하고 시주자들의 명단이 있는데 거의 승려들의 이름이며 이들이 불서출판을 널리 보급한다고 되어 있다. 석문상의는 대중적인 서적은 아니고 승가에서 불교의식집으로 활용하기 위해 복각한 것으로 보인다. 벽암당은 이 책의 의의에 대해 다음과 같이 말했다.

'응지(應之)대사의 『오삼집(五杉集)』, 『석씨요람(釋氏要覽)』'을 읽다가 그 가운데 가장 귀감을 삼을 만한 것이 '상례일의(喪禮一儀)'가 아주 상세해서 다만 중국에서는 숭상하는 것일 뿐, 우리나라의 예와는 합치하지 않는 까닭에 그 요점을 발췌해서 상하로 나누어 초학들에게 보낸다.[79]고 했다. 여기서는 유교적 오복제를 승가에도 적용하여 스님들

78) 丁酉 春 門人 白谷禪子 處能 謹再拜 書于七佛庵中云爾 澄光寺開版

79) 『釋門喪儀秒』,序.

이 조부모의 상이나 부모상에 참여하는 것은 당연하며 속가의 삼촌지간까지 상복을 입어야 하며, 동시에 승가의 스승(得戒和尙, 受業師)과 친 제자의 상례에도 3년복을 입으며, 친소에 따라 주년(周年), 대공(大功), 소공(小功)의 상복착용을 거론하고 있다.[80]

*『육경합부(六經合部)』

현종 6년(1660) 정월 징광사에서 개판했다. 여기에서 육경은『금강반야바라밀경』,『대방광불화엄경-입부사의해탈경계 보현행원품』,『대불정수능엄신주(大佛頂首楞嚴神呪)』,『불설아미타경』,『묘법연화경-보문품 관세음보살 예문』으로 구성되어 있다. 이 책은 징광사 뿐 아니라 전국적으로 인기 있는 출판물이었으며 호남지방의 경우 고산(高山) 안심사(安心寺, 1411. 1412); 화암사(花岩寺, 1462, 1488)에서 이미 나오고 17세기에 들어서는 해남 대흥사(1646)에 이어 이후에도 1740년 그리고 운문사에서 1746년에 발행해 듯,[81] 대중적으로 중요한 판본이다. 주로 대승불교의 주요 경전임을 알 수 있다.

4. 17세기 숙종대의 징광사의 불서

*『금강반야바라밀경(金剛般若波羅密經)』,『금강반야경소론찬요간정기회편(金剛般若經疎論纂要刊定記會編)』

80) 『釋門喪儀抄』, p.237. '僧五服圖'

81) 『이옥금, 조선조 호남 사찰판에 관한 서지적 연구』 상명여자대학교 대학원, 1988. p.11.

이 회편은 총 5권으로 되어있고, 숙종 12년(1686) 4월의 판본이 있다.[82] 금강경은 예나 지금이나 가장 많이 발행된 불서이다. 호남지방에서는 광양 백운암(1474), 신안사(身安寺;1537), 무량사(1565), 동원사(同願寺;1569), 안심사(1570), 안심 광제원(1575), 쌍봉사(1575)에서 이미 발간되었으며 17세기에 들어와서도 송광사(1618), 용장사(1635), 운주사(1635), 봉정사(鳳停寺,1643), 흥국사(1665)에서 제작했으며 금산사(1694)에서도 제작되었다. 이후 화엄사(1718), 원암사(圓巖寺)판도 나온다.

*『선원제전집도서(禪源諸詮般集都書)』

숙종 12년(1686) 4월의 판본이다.[83] 징광사 이외에도 이미 출판된 불서이다. 규봉 종밀선사의 저술이다. 선교양종이 서로 시비하며 각각 자기 종파가 아니면 원수처럼 보아 상대방을 시기하는 현실이므로 규봉이 이를 조화하기 위하여 여러 대가들의 저술로부터 선문의 현의에 관한 중요한 구절을 모은 것이다. 선교일치의 사상을 피력한 것이 바로 『선원제전집』 101권이고 그 줄거리를 뽑아 4권 2책으로 하고 이를 『도서(都序)』라고 한 것이다.

*『법집별행록절요병입사기(法集別行錄節要幷入私記)』

숙종 12년(1686) 4월 판본이다.[84] 징광사 이외에도 이미 출판된 불서

82) 5권으로 되어있으며 '康熙二十五年丙寅四月 日全羅道樂安郡金華山澄光寺開刊'이라는 간기가 있으며 동국대학교 중앙도서관 소장.

83) 동국대학교 중앙도서관, 경북대학교 중앙도서관 소장

84) 동국대학교 중앙도서관, 서울대학교 도서관, 국립중앙도서관 소장.

라고 할 수 있다. 이미 화암사(花岩寺,1493), 서대사(西臺寺,1577)에서 개판되었으며. 17세기에는 송광사(1608), 천관사(1634), 용장사(龍藏寺,1635)의 판본이 있으며 이후 용흥사(1694), 동복 안심사판도 있다. '절요(節要)'는 『법집별행록절요(法集別行錄節要)』라고도 하는데 보조국사 지눌의 저술로서 강원의 수행이념을 잘 나타낸 것이라 할 수 있다. 보조국사는 절요에서 번거로운 것을 끊고, 그 주요한 것을 취하였던 것이다.

*『정토보서(淨土寶書)』

숙종 12년(1686) 판본이다. 이 책은 징광사에서 두 번 나왔으며 (1686, 1721) 이후 광주 증심사(1721) 판이 나왔다. 중국의 책을 복각한 것이지만 백암 성총의 서문이 있다. 서문에는 귀한 중국의 불서 수십 질을 얻어 감명 깊게 읽으면서 이것이 망실되지 않고 많은 사람들에게 소개되기를 염원하고 또 염불의 필요성을 밝히는데 염불법문에는 염불을 할 때 의식을 장엄하게 하는 것보다 진실한 수행을 하는 것을 더 귀하게 여겨야 한다고 강조했으며,[85] 염불의 염험에 대한 20가지 영험담이 있으며, 1책 69장이다.

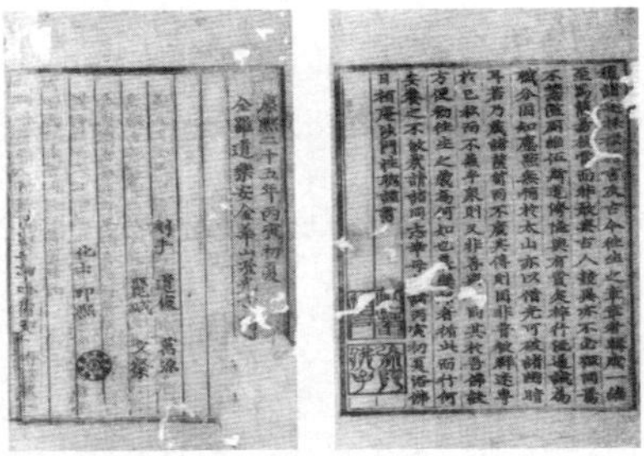

「정토보서」 동국대학교 도서관 소장

85) 『정토보서(淨土寶書)』,序.

*『고봉화상선요(高峰和尙禪要)』

숙종 12년(1696) 판이다.[86] 징광사 이외에도 광범위하게 출판된 책이다. 호남지방에도 서대사(西臺寺,1534), 안심사(1575), 송광사(1590, 1609), 용장사(1635)의 것이 있다. 징광사의 것은 이를 이은 것이다.

『선요(禪要)』는 고봉의 저서로 "선의 요체"에 대한 설법집이다. 고봉은 육조 혜능 문하 23대임, 임제 문하 17세 적손이다. 남송말기에 태어나 원나라 초기까지 일생을 보냈다. 그가 도를 깨친 후 20여년 간 설법했던 것을 시자 지정(持正)이 기록하고 직옹거사가 편집하여 선요라고 이름 붙힌 것이다.

*『대혜보각국사선서(大慧普覺國師禪書)』

숙종 12년(1686) 판이다. 광범위하게 출판된 책이다. 호남지방에서 이미 대광사(1511), 천승사(1511), 천관사(1568,1632), 안심광제원(安心廣濟院; 1576), 안심사(1576), 송광사(1608), 용장사판이 있고 징광사의 것이 있다.

*『사경지험기(四經持驗記)』

4권 1책으로 되어있는데, 『금강경지험기(金剛經持驗記)』 55화, 『법화경지험기(法華經持驗記)』 46화, 『관세음지험기(觀世音持驗記)』 53화, 『화엄경지험기(華嚴經持驗記)』 44화가 수록되었다. 중국의 역대 영험전을 그대로 발췌해서 인쇄한 것으로 청나라의 주극복(周克復)이 1659년(順治 己亥)에 편찬한 것이다.

---

86) 刊記에 숭정연호를 쓴 것이 이채롭다.

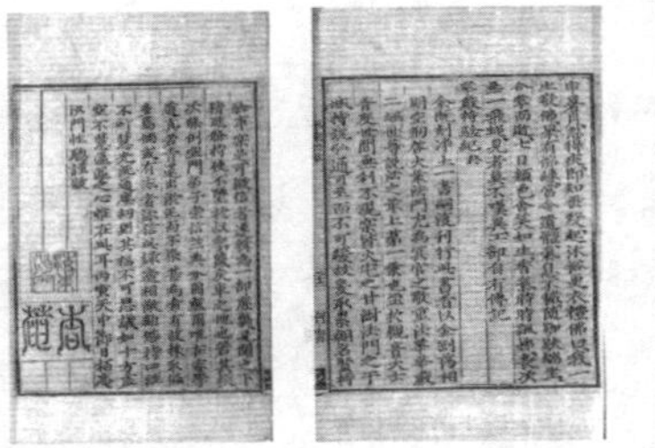

「사경지험기」 동국대학교 도서관 소장

이것은 당시로서는 임자도에 난파한 배를 통해 입수한 신서에 해당된다. 중국판에 비해 축소되고 함께 묶었으며 한국의 영험담이 없기는 하지만, 왜 이러한 영험전이 필요한 것인지를 백암 성총은 다음과 같이 쓰고 있다.

> "내가 이미 정토의 한 책을 출판했고, 이어서 다시 이 책을 간행하는 것은 금강의 큰 상이 공(空)을 밝히고 대승의 법문을 여는 것이며 또 저승의 관리가 경중(敬重)하는 것이다. 법화경과 화엄경은 세존의 설법 가운데 가장 높은 가르침이다. 관음보살에 이르러서는 널리 세간을 제도하고 한 순간도 나타나지 않음이 없으니 진실로 사바세계의 단비이다. 법문의 간성(干城)을 특별히 설하고 널리 소통시킴이 급하여 늦출 수 없는 까닭에 이에 여러 시대의 명현(名賢)들의 특별한 일화들을 모았으니 진실로 믿을 수 있는 증거가 될 수 있다....이 네 가지 경전은 지혜의 광명이 쉬지 않아 유통된지 오래되었고 그 복이 불가사의함은 마치 온 세상의 허공과 같다."[87]

숙종대는 그 이전부터 출판된 사집을 징광사도 출판했다. 『정토보서(淨土寶書)』, 『사경지험기(四經持驗記)』는 새로운 불서라고 할 수 있을 것이다.

---

87) 『사경지험기(四經持驗記)』, 序.

5. 숙종대 이후 징광사 불서

*『대방광불화엄경소연의초(大方廣佛華嚴經疏演義抄)』

숙종 16년(1690)판이다. 이 책은 당나라 징관(澄觀)이 편찬한 것으로 판각의 역사가 오래되었다. 그러나 조선조에 대교과의 강원교재로 채택된 계기는 바로 성총의 출판에 의해서부터라고 할 수 있다. 80화엄의 대강을 정리한 개론서로라고 볼 수 있다. 이미 징광사에서 세 번(1689,1690,1700)판이 나왔다. 호남의 다른 사찰에서는 황령암(1773), 영각사(1775), 운봉 실상사(1777)이 있고 화엄사 판도 있다.

*『대명삼장법수(大明三藏法數)』

숙종 16년(1690)판이다. 명나라의 일여(一如)가 엮은 불교사전이다. 일심에서 시작하여 마지막 '팔만사천법문'에 이르는 1500항목이 수록되어 있다. 성총의 서문이 있으며 징광사가 적시된 것은 현재 고려대학교 도서관에 있다. 숙종대의 대대적인 출판이후 새로운 출판의 성과는 보이지 않고 있으며, 현존자료 중에서도 발견할 수 없다.

징광사 불서의 의의

징광사의 불서 출판은 백암 성총에 의해 집중적으로 이루어지고 있는데, 이 성총스님은 특히 화엄에 조예가 있었다. 성총 이후에도 징광사에서는 화엄경 판본 80권을 보관하고 있었다. 숙종 18년(1692) 봄 61세의 나이로 선암사 창파각(滄波閣)에서 '화엄대회'를 베풀어 제방의 스님들을 지도했을 정도로 화엄을 중시했다.

이러한 연유로 화엄 중심 교학인 '원돈문'에 대한 보족(補足)으로서 『대승기신론소필삭기회편(大乘起信論疏筆削記會編)』과 『청량화엄소초(淸涼華嚴疏秒)』 등을 저술하기도 하였다. 징광사에서도 화엄관련 도서로 『대방광불화엄경소연의초(大方廣佛華嚴經疏演義抄)』를 1690년에 제작하여 화엄학의 발전에 기여했다. 조선후기에는 교학 중에서 특히 화엄학의 성행은 다름 아닌 징광사를 중심으로 한 불서가 간행된 이후 화엄의 중흥이라고 할 정도로 강경(講經)과 주석서 편찬이 활발해진다.[88]

동시에 보조국사의 유풍을 의식한 부휴계가 주축이 된 징광사의 고승들은 선종을 표방했기 때문에 화엄과 더불어 선에 관련된 서적도 출판된다.

숙종 병인년(1686)에 『선원제전집도서(禪源諸剛詮般集都序)』, 『법집별행록절요병입사기(法集別行錄節要并入私記)』, 『고봉화상선요(高峰和尙禪要)』 그리고 『대혜보각국사선서(大慧普覺國師禪書)』의 판본이 나온다.

---

88) 김용태, 「부휴계의 계파인식과 보조유물」, 『보조사상연구』 25집. 보조사상연구원. 2006.

성총은 이후에도 『치문경훈주(緇門警訓註)』를 내어 승가교육의 기본이 되는 불서를 중시했음을 알 수 있고 징광사의 불서가 조선후기에 있어서 선종의 교과서적인 출판물을 발행했음을 파악할 수 있다. 동시에 보조국사의 유풍을 중시하는 조계종의 교유체계가 바로 이런 출판을 통해 이루어졌으며, 조선후기 불교계의 강경의 자료가 되는 사집(四集)이 출판됨으로써 다시 승가교육의 주요 교과과정과 교과서가 출판되기 시작했음을 알 수 있다.

선과 화엄 이외에 중요한 불서는 정토신앙관련 책자라고 할 수 있다. 정토 신앙에 대해서는 정토 수업의 '염불문'에 대한 『백암정토찬(栢庵淨土讚)』 등을 간행했다. 염불과 정토를 강조하여 민중들의 불교신앙에 많은 기여를 했다는 점에 유의해야 한다. 특히 징광사에서 출판한 『사경지험기(四經持驗記)』는 경전의 내용보다도 경전을 수지 독송한 공덕을 기록한 것으로 그 경전의 내용은 화엄경, 금강경, 법화경, 관음경이다. 그리고 이 경전들을 독송한 공덕과 기적에 대해 열거했는데, 물론 거의 중국의 일화들이기는 하지만, 백암 성총의 불교관의 일단을 엿보게 한다. 불교는 바로 불투명하고 암울하고 불안한 세상에서 사람의 마음을 편안하게 해주고 행복을 주는데 그 의의가 있음을 밝힌 점에서 억불의 시대에도 전등의 불을 끄지 않고 불교가 유지되었던 힘이었음을 짐작케 한다.

물론 이것은 백암 성총이 기복신앙만을 찬미했다는 것은 결코 아니다. 그는 잘못된 사람들과 어울리기 보다는 고독하게 청정수행하면서 염불하고, 민중을 미혹시키는 신앙이 아니라 인과응보를 신앙하면서 염불할 것을 주장했으며, 거만한 선객이 되기보다는 청정계율을 지키면서 염불하는 신앙을 권유했던 것이다.

이렇듯 징광사의 불서는 화엄, 선, 그리고 정토 관련이 중심을 이루고 있으며, 아쉽게도 다라니나 밀교관련 그리고 일반 부녀자들이나 대중을 위한 한글판이나 변상도 등의 서적은 없다. 백암 성총이 표류한 배에서 발굴한 중국불서를 입수하여 스스로의 수행 자료로 보던 중 소중한 자료가 망실되지 않고 많은 사람들에게 알려지기를 염원하면서 개판한 것으로, 또한 강원교육의 주요 불서를 공급함으로써 조선후기 불교학의 발전을 예고한 출판성과라 할 수 있다.

징광사는 조선조에 주로 종이공급이라는 소위 지역(紙役)에 시달리면서 이의 폐해를 호소하는 등 조선조 불교의 암울한 일면이 있고, 일반서민층 보다는 지식층에게 불교의 위상을 높이려는 의도도 숨어있음을 알 수 있다. 특히 『사경지험기(四經持驗記)』와 같은 경우는 역대 중국의 유명인사들에 대한 일화를 소개하고, 『석문상의초(釋門喪儀抄)』의 경우는 유교적 상례를 불가에서 그대로 수용하는 일면을 보여주고 있다는 점에서 조선후기불교의 한 특색을 보여주고 있다.

17세기 징광사의 불서는 백암 성총에 의해 주도되었으며 화엄학, 정토사상과 선교일치, 사집 등의 출판으로 이전의 회통적 불교사상을 새롭게 계승하는 추이를 살필 수 있다는 점에의 의의를 갖는다.

19세기 대둔사 학승들의 유교경전 이해

1. 들어가는 말

조선시대 지식인의 정신세계는 유교와 불교의 이념을 주체화한 인물들에 의해 주도적으로 형성되어왔다. 한국인의 정신세계와 문화의 심연을 올바로 이해하기 위해서는 이들의 삶의 논리와 방식을 분석할 필요가 있다. 19세기를 전후한 조선 사회는 전통적 가치와 질서가 점차 지배적인 영향력을 상실해가고 있었다. 이 같은 시대상황의 극복을 위해서는 자유정신과 창조적 지성의 발현이 요청되었으며, 조선조 후기 지식인을 대표하는 승려와 유학자는 갈등과 대립의 긴장관계 속에서도 필연적으로 상호교류의 과정을 통해 스스로의 정신세계의 확장과 변용의 과정을 겪으며 새로운 정신문화의 형성을 시도한다.

공통의 문제의식과 지향점을 갖는 이들 유교와 불교의 지식인들은 종교적·이념적 장벽을 넘어 새로운 정신세계의 구축과 실현을 꿈꾸며 자연스럽게 만남의 장으로 향하게 된다. 그 무대의 중심이 된 곳은 해남의 대둔사(大芚寺, 대흥사)였다. 19세기 당시 대둔사에는 완호(玩虎)를 수반으로 하는 초의(草衣), 호의(縞衣) 일파와, 아암(兒庵)을 수반으로 하는 수룡(袖龍), 기어(騎魚)의 일파가 있었다. 대둔사에서는 이들 학승들과 정약용, 김정희, 홍석주, 신위 등을 비롯한 여러 유학자들의 폭넓은 교류가 이루어졌다. 대둔사에서 펼쳐진 이 같은 교류는 유교의 정신세계에 대한 불교 지식인들의 이해에 큰 변화를 초래했으며, 그들의 삶과 정신세계에도 필연적으로 많은 변화를 가져온다.

이 연구의 목적은 조선후기 해남 대둔사를 중심으로 전개된 유교와 불교 지식인들의 교류의 양태를 고찰하고, 이를 통해 사회·문화적 변화상황에 대한 당시 지식인들의 대응과 정신세계의 변천양상을 규명하는 데에 있다. 따라서 이 연구는 궁극적으로는 지역적·시대적 차원을 넘어 조선후기 정신사에서 축적된 지식을 현재화하여, 미래지향적으로 한국인의 정신세계를 규명하고 지식인의 삶의 태도를 제시하기 위한 기초작업으로서의 의미를 갖는다.

연구의 직접적 대상은 시대적으로는 유불교류가 활발하게 전개되었던 18세기 후반기에서 19세기 전반기에 이르는 시기를 중심으로 한다. 또 연구의 수행에 있어서는 대둔사를 중심으로 한 호남 남해안 지방의 지정학적, 정치·사회적 특징 및 대둔사를 무대로 한 유불교류 등을 고찰하고, 대둔사 승려들의 유교사상에 대한 이해의 방식과 특징 및 수용양태를 조사한다. 따라서 직접적 대상이 되는 자료로는 『아암집(兒庵集)』, 『초의집(草衣集)』, 『대둔사지(大屯寺志)』, 『여유당전서(與猶堂全書)』, 『완당선생전집(阮堂先生全集)』, 『한국불교전서(韓國佛教全書)』 등의 불교와 유교 관련자료들이다.

2. 조선조 후기의 사상적 · 문화적 배경과 대둔사

1) 19세기의 사상적·문화적 배경

18세기 말엽을 거치며 조선사회는 봉건사회가 해체되면서 바야흐로 격변의 시대에 돌입하였다. 변화의 조짐은 정치, 사회, 경제, 문화 등 제 방면에 걸쳐 전통적 질서가 붕괴되면서 드러나기 시작하였다. 이러한 변화는 19세기에 들어 더욱 가속화되며 이 시기의 상황은 '당쟁의 격화와 외척의 득세, 이로 인한 왕권의 약화와 통치 시스템의 무력화, 새로운 가치이념의 등장과 사상적·문화적 충돌에 따른 가치의 혼란, 신분질서의 해체' 등으로 묘사된다.

이같은 정치·사회적 상황변화를 배경으로 하는 전환기에 있어 사상·문화적 측면에서도 현실적 대응방안의 모색과 새로운 질서의 구축이 필연적으로 요구되었다. 시대사조의 급격한 전환기에 있어 지식인의 대응양식은 애써 그것을 외면하거나 아니면 적극적으로 수용하는 것이다. 18세기 후반 이후 조선사회의 사상적 상황은 변화된 현실을 직시하여 새로운 사회 건설을 지향하는 것이었으며, 그 이념적 기반이 되었던 것은 청조고증학을 수용한 북학이었다. 추사를 비롯한 당대 신지식의 기수들은 새로운 학문과 사상을 수용하여 노쇠한 조선왕조의 구문화 체계를 극복하고 새로운 문화를 전개하려고 시도하였다. 이러한 노력은 실사구시를 추구하는 새로운 사상·문화운동으로써 학문, 종교, 예술 등의 다양한 분야에서 시도되었으며, 경제, 정치구조의 반성에까지 이르렀다. 지역적, 신분적 차원에서의 개방적 교류와 정통주자학 위주의 폐쇄적 풍토에서 탈피하여 북학과 서학 등 다른 이념과 전통까지도 수용하는 자유로운 학문 풍토가 형성된 것이다.

조선시대 불교계의 사상적 전개는 기본적으로는 선(禪)을 중심으로 한 것이었다. 조선조 후기에 이르면 강력한 숭유억불정책으로 인해 불교계는 활력이 급격히 떨어져 초·중기에 비해 불교내부의 사상적 전개는 부진함을 면치 못한다. 여기에 시대사조의 변화 상황에 대한 불교계의 대응 역시 미온적인 상태를 벗어나지 못함으로 인해 사상적으로도 주도적 역할을 상실하게 된다. 19세기 조선 후기 불교계의 사상적 동향으로서는 선의 수행을 중심으로 하면서도 교학적으로는 화엄교학을 탐구하고 실천적으로는 염불의 수행을 겸하는 것이 특징이다.

승려들의 유불겸학 풍조 역시 이 시기의 한 특징을 이룬다. 이러한 사상적 분위기는 개인적인 차원에서 이해될 수도 있겠으나 당시의 사상계 전반의 동향과 무관하지 않다. 즉 대내외적인 격변기에 불교내부의 사상적 폐쇄성을 극복하고 사회적 연대성을 회복하기 위해 노력하던 당대 승려들의 고뇌와 열망의 산물인 것이다. 한편 이러한 외적 변화에 대한 사상계 내부의 대응과정은 분명 고통이면서 동시에 새로운 가능성을 잉태한 것이었다. 이 시대는 바야흐로 격동기이면서 동시에 역동기였던 것이다.

2) 19세기 대둔사의 사상·문화적 배경

조선조 말기의 불교계는 선종이 중심이었으며 특히 서산, 휴정 이후로 선을 강조하는 경향이 더욱 짙어졌다. 즉 이 시기 불교계는 서산계의 편양파와 소요파, 부휴계의 벽암파 등이 주류를 이루고 있었다. 전라도 지방, 특히 대둔사는 이러한 흐름의 중심에 있었다. 그것은 서산대사와 그의 제자들을 중심으로 한 선맥이 대둔사를 중심으로 형성되는 것에서 비롯된다. 이어 대둔사에서 12 대종사(大宗師)와 12 대강사(大講師)가 배출되었으며, 본고에서 다루고자 하는 초의와 범해가 각각 13대 종사와 13대 강사의 대둔사의 맥을 잇고 있다. 조선불교사의 일대 사건으로 일컬어지는 백파와 초의의 삼종선 논쟁도 바로 이곳을 무대로 전개되기도 하였다.

그러나 18세기 중엽을 지나면서 대둔사에서는 선교의 일치 내지 조화가 시도되었다. 이 시기에 이르면 이념적 지향에 있어 선(禪) 일변도의 폐쇄적 전통에 수반하는 부정적 요소들이 표면화되면서 이의 극복을 위한 노력으로 화엄사상을 중심으로 한 이론불교(敎)와의 접합이 시도된다. 연담, 백파 등을 중심으로 한 당대 고승들은 선 우위의 입장에 서면서도 화엄에 대한 연구에 적극적이었으며, 대둔사에는 이들 선교 양종의 많은 고승대덕들이 주석(駐錫)하게 된다.

대둔사는 또 유불교류의 중심무대로 등장한다. 다산과 추사를 비롯한 당대의 수많은 지식인들이 대둔사를 거점으로 하여 승려들과 지적교류를 확대해가고 있었던 것이다. 이는 아마도 대둔사의 지정학적, 정치적 특성과 무관하지 않을 것이다. 즉 다산과 추사의 유배지인 강진, 제주도와의 지리적 근접성 및 유배지로서의 해남지방의 정치적 위상, 아울러 정조(正祖)에 의해 서산대사의 표충사가 대둔사에 세워져 이 절이 다른 사찰과 달리 유교적 가치와 상치되지 않은 사풍(寺風)을 지닌 곳이었다는 점 등이 주목된다.

아울러 대둔사가 위치한 해남은 지정학적으로는 변방에 속하지만, 당시의 사회경제적 변화의 바람은 이 지역이라고 예외는 아니었다. 상공업의 발달로 인한 상품의 생산증대와 교역의 확대라는 사회경제적 상황의 변화와 이에 따른 인구이동이 활발해지고, 이러한 변화가 해남을 비롯한 변방지역에도 파급된 것이다. 포구 상업의 발달에 따라 해남, 강진, 나주 등은 전라도의 포구도시로 성장하여 인구가 3-4천 명에 이르게 되며, 사회 전반에 걸쳐 새로운 제도와 질서가 요구되기에 이른다. 이 같은 상황에서 대둔사 역시 당시의 사회 전반에 걸친 격변의 현실과 이로부터 초래되는 위기의식으로부터 면제될 수 없었을 것이다.

3. 19세기 대둔사를 중심으로 한 유불(儒佛)교류

조선조의 억불정책은 불교와 유교의 갈등·대립을 심화시켜 조선시대 불교와 유교는 기본적으로 적대적인 관계가 지속되었다. 이로 인해 유학자에게는 승려들과의 교유(交遊)나 불서의 연구가 거의 금기시 되었으며, 승려들 역시 소극적인 태도를 취하게 되어 서로의 관계는 소원할 수밖에 없었다. 그러나 18세기 말에 접어들면서 두 진영간의 활발한 교류와 연구가 이루어지기 시작한다. 그 직접적 계기는 위에서 살펴본 이 시기를 중심으로 급격하게 전개된 시대의 전반적 변화상황에서 찾을 수 있을 것이다.

즉 18세기 조선의 사상계가 조선왕조의 국시로 천명된 성리학이 이미 말폐 현상을 드러내기 시작하여 점차 그 영향력이 상실되어 가는 상황에서 청조문화의 유입과 북학의 수용 등이 적극적으로 이루어져 사상계 전반에 걸쳐 일대 변화의 조짐들이 노골화된다. 이러한 과정에서 성리학을 중심으로 한 유학의 도그마에서 벗어나 다양한 학문들에 대한 자유로운 탐구가 가능해져, 특히 실학자들을 중심으로 불교에 대한 관심이 증대되었다. 불교계 역시 자의반 타의반 소극적이고 은둔적이며 폐쇄적인 태도로 일관하던 기존의 상황에서 벗어날 것이 요구되고 있었다. 즉 선 일변도의 폐쇄적 전통에서 교학에 대한 관심이 증대되어 대둔사에서도 연담 유일 등에 의한 화엄학의 연구와 화엄강회(華嚴講會)가 열리게 된다. 또 불교탄압의 현실적 상황 극복을 위한 유교와의 이념적 동질성 확인의 필요성은 여전히 강하게 요구되고 있었다.

불교와 유교의 교류는 어떠한 것이 되어야 하며, 상대에 대한 올바른 이해의 조건은 무엇인가. 적어도 호교적 차원에서 공격적이거나 방어적인 태도는 한계를 가질 수 밖에 없다. 이를 위해서는 순수하고 진지한 지적 호기심에서 출발할 필요가 있다. 19세기 대둔사를 중심으로 한 교류는 이러한 조건을 일정부분 충족하고 있다고 할 수 있다. 과연 그 교류의 내용과 결과는 어떤 것일까.

여기서는 사상적, 문화적, 사회적 격변의 시대상황에 대한 승려들의 대응양태와 그것의 의미, 한계 등을 밝힌다. 구체적으로는 그들의 대응방식으로써 유학자들과의 교류에 초점을 두고 문제에 접근하도록 한다.

1) 아암 혜장과 다산 정약용

아암 혜장(兒菴惠藏, 1771-1811)은 「연파대사비명(蓮坡大師碑銘)」과 「동사열전(東師列傳)』에 의하면 전남 해남 출신으로 어려서 대흥사에 출가하였다. 그는 월송 재관(月松再觀)의 구족계를 받았으며 춘계 천묵(春溪天默)에게서 학문을 익혔다. 27세 되던 해인 정조 22년(1798)에는 장암 즉원(晶岩卽圓)의 법을 이었다. 30세에는 대둔사에서 『화엄경』 강회를 열자 모여든 사람이 100여 명이었다고 한다.

그는 많은 불경 중에서 『수능엄경』과 『기신론』을 즐겨 읽었으며 불경은 물론 외전을 매우 좋아하였던 것으로 알려진다. 그 가운에 특히 『주역』과 『논어』 등의 사상을 깊이 연구하고 사색하였으며, 기윤(朞閏)의 수(數), 율려(律呂) 의 도(度), 그리고 성리서(性理書) 등을 연구하여 그 뜻을 밝히니 유학자라도 그의 학문을 따를 수 없었다고 한다.

아암이 교류한 유학자 가운데 대표적인 인물은 다산 정약용이다. 19세기 대둔사를 중심으로 한 호남지방에서 이루어진 승려와 유학자의 교류 가운데 가장 의미 있는 사건이라 할 수 있는 아암과 다산의 만남은 아암이 34세 되던 순조 5년(1805) 가을에 이루어 졌다. 당시 아암은 일시 강진의 백련사에 머물게 되었는데 강진에는 다산이 유배생활을 하고 있었다. 정약용으로서는 처음으로 마음을 터놓고 깊은 교분을 맺은 사람이 바로 아암이었다.

이들의 대화는 역리에 관한 문답으로 시작되었다. 아암은 유가의 경전인 『주역』을 20여년 동안 연구하여 역학에 대한 이해가 깊었으며 다산 역시 역리에 밝은 대학자였으므로 그것은 자연스러운 것이었다. 이들의 교유는 이후에도 지속되어 두 사람은 차와 시를 주고받으며 두터운 정의를 나누었다. 다산이 18년 간의 강진 유배 생활 동안 많은 학문적 업적을 이룰 수 있었던 것 역시 아암의 도움이 컸던 것으로 알려진다. 다산 또한 아암을 위하여 많은 시를 지어 답하였으며, 사찰의 불사는 물론 특히 사지(寺誌) 등의 편찬에도 적극적으로 참여했다.

한편 아암은 신미년(1811) 가을에 40세의 나이로 입적하였으나 수룡 색성, 철경 응언, 침교 법훈, 기어 자굉, 일규 요운 등 그의 제자들은 다산의 지도를 받으며 교유를 지속하였다. 다산은 특히 그들 가운데 색성을 아꼈던 것으로 보인다.

혜장스님의 많은 제자 중에 색성이 가장 뛰어났네.
이미 화엄교를 마치었고 아울러 두보 시를 익혔구나.
새싹 찻잎을 불에 잘 말려서 진중하게 외로운 유배객을 위로하네.

다산은 색성이 차를 보내온 것에 감사하여 그에게 불교뿐만 아니라 유교 서적을 보내어 유교적 교양을 익히도록 자상한 지도를 한다.

2) 범해 각안과 요옹 이병원

범해 각안(梵海覺岸, 1820~1896)은 「범해선사행장(梵海禪師行狀)」에 의하면 1820년 전남 완도에서 태어났다. 14세에 대둔사로 출가했고, 16세에 호의(縞衣)선사의 문하에 들어갔으며 하의(荷衣)선사에게 십계를 받았으며, 초의율사로부터 구족계를 받았다. 그는 호의·하의·초의·문암(聞菴)·운거(雲居)·응화(應化) 등 여섯 명의 대종사에게 배웠다. 저술로는 『범해선사문집(梵海禪師文集)』 4권으로 정리된 것이 있으며, 하도(阿度)로부터 회광(晦光)에 이르는 189명의 고승에 대한 전기인 『동사열전』 등이 있다.

「범해선사행장」에 그가 '요옹 이병원(寥翁 李炳元)에게서 유교를 수학했다'라고 있는 것으로 보아 요옹을 통해 유교적 지식을 습득한 것을 알 수 있다. 범해는 또 요옹 이외에도 여러 유학자들과 교유하였다. 그의 문집에는 그가 박노하(朴蘆河)와 주고받은 서신이 남아있다. 특히 여기에는 유불교류의 당위성과 당시의 상황 등에 대한 그의 견해가 보여 흥미롭다.

> 승려(山人)는 이로써 유자(先生)에게 귀 기울이고 유자는 이로써 승려를 허락하였다. 그러나 오늘날의 유자들에게는 유교 외에 다른 도가 없고 승려들에게는 불교 외에 다른 도가 없어 얼음과 숯처럼 서로 조화하지 못하고 있다. (중략) 절실히 생각건대 유자는 유(儒)만을 존숭하고 승려는 불(佛)만을 존숭하니 이는 마치 자식이 자기 아비를 위하고 부인이 자기 남편을 위하는 것과 같다. 만약 자식이 자신의 아비를 위하면서 다른 사람의 아비를 위하지 않거나 부인이 자신의 남편을 위하면서 다른 사람의 남편을 위하지 않는다면 이는 즉 경박한 사람으로 떨어져 세상에 설 수 없으니 누가 그를 대군자라 부르겠는가.

이상에서 19세기 대둔사를 중심으로 이루어진 유불교류의 대표적인 사례들을 살펴보았으나, 이들 이외에도 승려들과 유학자들의 교류 또는 그들과의 유·불 동이(同異) 논쟁은 대둔사를 중심으로 활발히 전개된다. 예를 들어 영허 선영(暎虛善影), 응운 공여(應雲空如), 설두 유형(雪竇有炯) 등과 유학자들과의 교류가 그것이다. 승려와 유학자들의 교류는 다산과 추사의 경우처럼 중앙의 주류 정치권에서 배제되어 격리된 유배자들이 현실적으로 비교적 자유로이 만날 수 있는 지식인은 정치적 입장에서 자유로운 현지의 승려였으며 어쩌면 자연스러운 것이었다. 또 승려들은 이미 인도나 중국으로부터의 새로운 사상이나 문화의 도입을 직접 주도할 수 없는 상황에서 유학자들을 통한 시대 흐름의 파악이라는 현실적 필요성도 작용하였던 것으로 보인다. 이들이 서로에게서 무엇을 추구하였으며 그 의미와 한계가 무엇인가에 대해서는 보다 심도 있는 연구가 요청된다. 그러나 예를 들어 초의가 백파에 대적하여 논쟁을 전개할 수 있었던 것도 추사를 비롯한 당대의 지식인들과의 교류를 통해 보다 객관적이고 비판적인 시각을 확보할 수 있었고 그러한 관점에서 당시의 불교계를 반성할 수 있었기 때문일 것이다.

초의선사의 일지암에서

가을은 세월이 흐름을 어느 계절보다도 예민하게 느낄 수 있는 계절이다. 그토록 푸르렀던 신록들이 단풍으로 물든 모습이나,피부에 와 닿는 서늘한 기운이 마음을 스산하게 한다. 땅끝이 있는 해남의 두륜산은 여느 산과는 달리 힘차면서도 부드럽다. 바위들이 있는가하면 부드러운 등선이 있고 무엇보다고 길고 깊숙한 숲이 있는 아름다운 산이다. 그 깊숙한 곳에 넉넉하게 자리잡은 대흥사는 표충사가 드러난 배치인 것 같다. 표충사의 아래쪽으로 대웅전이 겸손하게 들어 앉은 듯하고,모셔진 부처님도 유난히 겸허해 보인다.

대웅전과 천불전의 아담한 목조건물들을 뒤로하고 일지암으로 올라가는 길은 겨울의 긴 침묵을 준비하는 숲의 정적이 있다. 시인 김현승은 "가을은 차 끓이기 좋은 계절"이라고 노래하였다던가, 두륜산의 차나무들은 가을에 그 꽃을 피운다. 동백과에 속하는 차나무들은 쓸쓸한 낙엽속에서 변함없는 푸르름을 과시하고 그 하얀꽃은 청아하기만 하다.

일지암은 초의스님이 거처했던 작은 암자이다. 근래 다도와 함께 재조명된 스님은 참선이나 설법을 통해서가 아닌 차(茶)와 詩와 서화를 통해서 그 이름이 빛난 분이다. 일지암은 말 그대로 초라한 가지에서도 즐기는 새처럼 인생을 즐긴다는 청빈을 상징하는 이름이다. 몇 십년전에 차를 즐기는 이들의 성금으로 초가는 복원되었지만 일지암으로 가는 길은 가파롭다. 보아하니 옛길이 아닌 듯 하다. 초의스님이 자랑했던 유천의 물맛도 옛과 같지 않다. 물을 받으려고 둔 수곽에는 낙엽이 쌓여 있어서 을씨년스럽기만 하다. 연못가 바위에 새겨진 차합(茶盒)이라는 음각이 초의스님의 자취를 말해준다.

초의스님의 차에는 삶을 관조하는 시와 선의 정신이 있다. 그당시 이곳 두륜산을 중심으로 이런 정신이 숨쉴수 있었던 것은 다산이나 추사와 같은 당대의 지성들이 이지역의 스님들과 교유했던 부산물이기도 하다. 당쟁과 모함의 소용돌이 속에 한을 달래지 않으면 안되었던 이들에게 스님의 禪이야말로 가장 큰 삶의 위안이었고,그런 삶의 관조를 바탕으로 차와 시가 나올수 있었던 것이다.

초의스님 역시 불교 배척의 세상에서 출가수행을 나름대로 즐겼던 배경에는 차를 마시는 기쁨이 있었던 것이다.

스님은 일지암에서의 삶을 이렇게 노래했다.

사람 성품은 맑고 아름다운 것을 사랑하는데 (爲人性癖 愛淸休)
청산을 젖혀두고 어디에서 놀리요 (不有靑山 底處遊)
담박하고 그윽한 곳에 먼저 가고 (澹素幽閒 先着脚)
떠들석한 영화싫어 고개 돌리네 (繁華榮慕 懶回頭)
골짜기 깊고,물줄기 소리 그윽하고 (澗道深深 泉響遠)
솔바람 가늘고,차 끓이는 연기 솟네 (松風細細 茗烟浮)
이곳에서 속세의 인연 모두 끊나니 (萬緣消盡 明窓內)
호화로운 집인들 어찌 이곳에 견주랴 (玉殿珠樓 未校尤)

《草衣全集》

초의스님의 시대에 비하면 지금 사람들은 가진 것이 너무 많다. 그럼에도 가난을 즐기기는 커녕 주어진 부귀 앞에서도 더 많은 것을 요구하기만 하는 것이 우리의 살림살이이다.

당쟁의 소용돌이와 스님이 대접받지 못한 시대에, 두륜산의 작은 암자에서 그 자신의 세계에 철저함으로써, 높고 아름답게 살았던 초의스님의 자취는 작은 일지암에 터에만 머물고 있는 것은 아니다. 의재와 남농의 산수화에는 초의스님에게 사사한 소치의 맥이 숨쉬고 있고, 다도를 닦는 이들에겐 그는 여전히 큰스승으로 자리잡고 있다.

지금의 일지암 주인은 여연스님이지만 출타중이어서 만날 수 없었다. 주인없는 암자에서 가을 햇살을 쬐다가 유천의 물을 길러 물통에 담아 광주로 돌아왔다. 그 물을 솔바람 소리가 나도록 끓여 차를 마시니 일지암의 한적함이 되살아나고 가을 하늘은 더욱 푸르기만 하다.

4. 대둔사 승려들의 유교경전 이해

본 장에서는 유불 지식인들의 교류과정을 통해 형성된 새로운 정신문화의 규명이라는 차원에서, 대둔사 승려들의 유교사상에 대한 이해의 방식과 특징 및 이를 통한 불교계의 내부적 변화 양상들을 고찰한다. 여기서는 현존 자료의 제약상 아암 혜장과 초의 의순, 범해 각안을 중심으로 살펴보도록 한다.

1) 아암 혜장

① 『주역』의 이해

아암은 승려로서는 보기 드물게 『주역』에 대한 연구를 진지하게 수행하여 적극적으로 그 이념을 보편적 진리체계로 인정한다. 다음의 시는 그의 『주역』에 대한 관심과 천착의 정도를 말해준다.

> 아침저녁으로 끊임 없이 생각하면
> 심오한 『주역』의 뜻도 아마 깨칠 날이 있겠지.

아암은 이처럼 『주역』의 내용을 화두를 들 듯이 그 이치를 깨우치려고 천착하였던 것이며, 주역적 세계관의 진리성에 대한 그의 믿음 역시 확고했다.

우주의 삼라만상 그 수효 끝이 없지만
하나하나 치밀하여 빈틈없이 자상하다.
『주역』의 경문과 분명하게 부합되어
그 어떤 상(象) 하나도 헛되이 말하지 않았다.

『주역』에 대한 아암의 이해의 수준은 그의 관심의 정도만큼이나 높았던 것으로 알려진다. 그것은 다산과 추사 김정희가 『주역』에 대한 아암의 식견에 대해 크게 찬탄하고 있다는 사실을 통해서도 확인된다.

『주역』에 대한 아암의 식견을 알 수 있는 자료는 그의 제자 색성 수룡, 기어 자굉 등과의 문답 기록이다. 여기에는 그의 『주역』 이해의 특징으로서 다음의 몇 가지 독특한 해석들이 확인된다. 제자 기어가 '하도(河圖)'의 불완전성에 대해 묻자 아암은 다음과 같이 답한다.

> 도(圖)란 리(理)의 그림이다. 리는 본래 형체가 없으니 어찌 그리기 곤란하지 않으리오. 단지 그 유사함과 방불함을 모사와 탑본을 했을 따름이다. 五는 중앙에 있고 十은 그 밖을 에워 쌓으니 또한 단지 이 리가 마땅히 이 같다. 어찌 반드시 하늘이 둘레((圈)와 점(點)을 여러 성좌처럼 만들었다고 볼 수 있겠는가. 태극의 음양을 흑백으로 표기한 것은 또한 이치를 이와 같이 표현했을 뿐이다. 만약 태극에 참으로 흑백의 형상이 있다고 말한다면 이것은 진씨의 도표와 같이 태극을 형체가 있는 물건으로 본 것이다. 이 어떻게 이치라 말할 수 있겠는가. '하도'의 一六과 五十을 생각해 보면 이 역시 이와 같은 것으로 생각된다. 선유(先儒)가 일찍이 '하도'를 취하고 원도(圓圖)를 지음에 五는 가운데 있고 十이 그 밖을 둘러싼다. 十의 점은 이어져 끊이지 아니한다. 이 그림은 좋은 것 같다. 소강절이 또한 말하기를 원이란 '하도'의 수라 했다.

아암의 이해는 당시의 일반적인 『주역』 해석과 크게 다른 점은 없지만 역시 불교적 해석으로 이해되는 면을 볼 수 있다. 즉 아암은 원래 진리는 형체가 없는 것인데 어쩔 수 없이 기호로 표현하여 태극이나 음양의 형태로 표현되었을 뿐이라는 것이며, 그래서 나타난 기호는 완전한 것일 수 없다고 한다. 그런데 이러한 해석에는 불교의 진리관 내지 세계관에 대한 불교의 전형적인 설명방식의 원용이 확인되는 것이다.

다음으로 아암의 『주역』 이해의 특징은 양의(兩儀)의 설명방식에서 확인된다. 즉 그는 음양만이 양의가 아니며, 태양 소양 태음 소음만이 사상(四象)이 아니라고 말한다. 흔히 음양을 양의라 하고 태양 · 소양 · 태음 · 소음을 사상이라 하는 것에 대해 그것은 편협한 고정관념이라고 하면서 그 의미를 다양하게 해석하는 것이다.

> 괘를 그리는 법을 논하자면 다음과 같다. 먼저 한번씩 ⚊과 ⚋을 그려 양의에 배당하고, 다음으로 ⚌ ⚍ ⚎ ⚏를 그려 사상을 만든다. 다음으로 일획을 더하여 팔괘를 이루니 이는 진정 불변의 정리(定理)이다. 그러나 내가 일찍이 태극권(太極圈) 가운데 본래 음양이 있어 흑백의 혼륜(渾淪)을 배태(胚胎)하고 있음을 의심하였다. 태극은 음양을 생할 수 있는 것이다. 다음 일양(一陽)을 그리니 이것이 순양(純陽)이니 그 가운데에는 한 점의 음기도 없으며, 다음 일음(一陰)을 그린 것은 순음(純陰)이다. 그 가운데는 한 점의 양기도 없다. 순양은 어떻게 일음을 얻어내며, 순음은 어떻게 일양을 얻어낼까. 이 이치는 능히 알 수 없다. 또 乾 · 兌 · 離 · 震의 뿌리는 모두 양이며, 巽 · 坎 · 艮 · 坤의 뿌리는 모두 음이다. 그럼에도 성인은 역을 논함에 있어 兌괘와 離괘를 음괘라 하고 坎, 艮괘를 양괘라 하였다. 이는 태극이 나누어질 때 일음일양이라는 정해진 이름과 서로 부합되지 않는다. 이 또한 분명히 알 수 없다.

> 또 역에 이른바 양의란 것은 시가(蓍家)에서 이를 둘로 나우어 兩을 상징한 것이며 易에 이른바 사상이란 것은 시가에서 네 개로 세어가면서 四를 상징한 것이다. 그렇다면 음양을 兩이라 말할 수 있을지 모르지만 반드시 이를 양의라 말할 수 없을 것이며 태양·소양·태음·소음을 四라고 말할지 모르지만 반드시 사상이라고 말할 수 없다. 무엇 때문인가. 의(儀)란 상(象)이며 상이란 비슷함이다. 비슷함이란 가(假)이다. 가란 방불(彷佛)이다. 지금 진음(眞陰)과 진양(眞陽)을 의와 상이라고 하는 것 역시 알 수 없다.

아암에 있어서 그가 비록 승려이기는 하지만 『주역』은 인생과 우주의 변화를 설명하는 방식으로써 큰 의미를 갖은 것이었다. 따라서 양의와 사상을 해석하는 방식에 있어서 단지 양의를 음양으로 한정해 보거나 사상을 태양·소양·태음·소음으로만 한정해 보는 것은 주역의 다양한 변화를 해석하는데 적절치 않은 것으로 판단했던 것이다. 이러한 이해는 그가 『주역』을 의리역(義理易) 보다 상수역(象數易)에 관심을 두고 해석하는 것과도 맥을 같이 한다. 즉 그에 의하면 『주역』은 본시 점을 치는 의도로 만들어진 것이기 때문에 점칠 때 四의 숫자는 주로 사시(四時)와 관련이 있음을 지적하여, '사상은 사시의 상(象)이다. 주역에 말하기를 세어서 四로 하여 사시를 형상한다고하니, 사상이란 사시의 형상이 아니겠는가.'라고 한다. 19세기 한국 사상계에서 『주역』의 이해 방식이 어떤 것이었는가에 대해서는 또 다른 고찰이 요청되거니와 승려로서 아암은 성리학적 전통의 윤리적·의리적 해석보다는 점술적 의미로서의 상수학적 해석에 관심을 가졌다고 할 수 있다.

그러나 한편으로는 『주역』에 대한 관심과 연구가 단지 점술적 의미에서 인간의 길흉화복과 관련해서만 이루어졌던 것은 아니다. 즉 그는 인간의 삶의 근간으로서 무궁한 변화 속에서도 변해서는 안 되는 것이 바로 올바른 마음가짐임을 강조한다. 이러한 사실은 대정(大貞)의 의미에 대한 제자와의 문답에서 확인된다. 대정 즉 크게 곧은 것을 흉하게 보는 해석에 대해 제자는 다음과 같이 질문한다.

> 역(易)은 대저 정흉(貞凶)을 말한 것이 심히 많다. 점을 치다가 정흉의 점사를 만나는 자는 바른 길을 버리고 별도의 옳지 않은 지름길을 가는 것인가.

이에 대해 아암은 다음과 같이 답한다.

> 군자의 도는 바름을 지키고 흔들리지 않음이다. 그 성패와 이둔(利鈍)을 계산하지 않는 것이다. 어찌 점치다가 貞이 凶하다는 점괘 때문에 正을 버리고 曲을 따를 것인가. 그러나 貞이란 일에 대한 말이다. 『주례』의 「태복(太卜)」에서는 대저 나라에 대정이 있을 때는 거북으로 점을 치고 작은 일은 卜으로 임한다 하였다. 또 「소종백(小宗伯)」에서는 무릇 나라에 대정이 있으면 옥백(玉帛)을 받든다고 한다. 그 주석에서 정현(鄭玄)은 대정에 대해 임금을 세워 나라를 옮김을 대정이라 하였다. 대정이란 대사(大事)를 두고 말한다. 이에 대한 뜻은 내가 전에 자하산방에서 들었다.

즉 군자의 도는 올바름(正)을 지키고 흔들리지 않는 자세가 이해득실에 변화하는 것보다 중요하다. 흉하다는 점괘 때문에 옳음을 외면해서는 안 된다는 것이다. 이같은 이해는 스스로 말하고 있듯이 다산의 주역관에 영향을 받고 있는 것이 사실이나, 아암은 비록 『주역』을 의리역으로 이해하고 있지는 않지만 그렇다고 해서 윤리적 측면을 간과하지는 않는 것이다.

② 『논어』의 이해

아암은 『주역』에 이어 『논어』의 몇 가지 중심주제와 관련해서도 제자와의 문답형식을 통해 자신의 견해를 제시한다. 먼저 그는 제자 수룡 색성의 물음에 답하여 「학이」편의 '학이시습(學而時習)'을 다음과 같이 설명한다.

> 習의 글자의 형성은 羽과 白에 따른다. 새가 여러 번 나는 것이 習이라는 글자의 본래 뜻이며 어린 새가 나는 연습을 하는 것을 말한다. 반복하여 나는 것을 배우는 것은 우리가 도를 배우는 것과 같으며 또 반복한다는 것은 당연히 그만두지 않는다는 뜻과 같다. (중략) 지금의 유가의 사람들은 아랫사람은 배우지 않고, 윗사람은 배우되 익히지는 않는다. 배우되 익히지 않는 것은 알되 실천하지 않는 것이니 또한 무슨 이익이 있으리요. 우리 불가에서는 청정무위(淸淨無爲)를 배우고 강의가 끝나면, 신을 만들고 밀가루를 반죽하고, 화내어 이익(利)을 다투니 이것 역시 배우되 익히지 않는 것이다.

즉 당시의 유학자나 승려들이 배우고서도 익히고 실천하지 않는다는 것인데, 아암은 학이시습을 불교적 관점에서 해석하여 유학자들뿐만 아니라 승려들 역시 이 정신을 제대로 실현하고 있지 못함을 비판하는 것이다. 이미 아암에게 '학이시습'의 이념은 결코 유가에 한정된 것이 아니었던 것이다. 아암과 제자들의 문답에서도 추측할 수 있듯이 당시 승려들 사이에 유교경전에 대한 학습이 광범위하게 이루어지고 있었다. 이같은 상황에서 불교의 학습 및 수행과 관련한 담론의 장에서 유가의 경전과 이념들은 아무런 거리낌없이 원용되고 있었던 것이다.

한편 이러한 불교적 관점에서의 『논어』 이해는 유교와 불교의 동일시라는 주장으로 이어진다.

> 강북에서는 탱자가 되고 강남에는 귤이 된다.
> 그 상반됨이 어찌 적색과 청색처럼 다를까.
> 대도는 원래 둘이 아닌데
> 성인들이 사이를 두고 나오니 억지로 셋으로 나뉘었다.
> 편협한 집착으로 서로 다투는 것은 옳지 않다.
> 모두 포용하고 이해하는 것이 대장부이다

즉 대도는 원래 하나라는 것이다. 아암의 이러한 이해는 『논어』 「이인」편의 義와 利에 대한 해석에서도 확인된다. 즉 '군자는 義를 깨닫고(喩於義) 소인은 利를 깨닫는다(喩於利)라고 하는데 이것은 무슨 화두인가'라는 제자 기어의 물음에 그는 다음과 같이 답한다.

> 일찍이 주자의 연보(年譜)를 보니 주자와 육상산이 아호(鵝湖)의 집회에서 이 장(章)을 설했는데 그 자리의 사람들이 눈물을 흘렸다고 적혀 있다. 이것은 마치 세존께서 열반 대법회에서 眞과 妄 두 뜻(義)을 설하니 모든 아라한이 눈물을 흘리면서 몸을 던져 절을 하지 않은 자가 없었던 것과 같다. 그 의리(義理)를 설하는 바는 피차가 서로 같다. 왜냐하면 義라고 하는 것은 나의 진성(眞性) 가운데서 나오는 것이며, 利라고 하는 것은 나의 망념 위의 헤아림으로부터 나온다. 유가의 성성(成聖)과 불가의 성불(成佛)은 모두 義와 利 두 글자를 다투는 것에 있지 그밖에 무엇이겠는가.

결국 유교와 불교의 궁극적 목표는 의와 리의 실현에 있으며 따라서 본질에 있어서는 차이가 없다는 것이다. 한편 아암의 이러한 소위 유불회통적 이해는 당시 숭유억불정책이 극단적으로 강화되는 상황에서 유교에 대해 유화적 태도를 취할 수밖에 없었던 현실적 이유의 산물이라는 측면이 없지 않다. 왜냐하면 그는 다른 한편으로는 승려로서의 입장에서 유교가 추구하는 가치의 궁극적 지향점을 세속적인 것으로서 폄하하고 있기 때문이다. 아암은 제자 기어에 답하여『논어』「이인」편의 가난함(貧)과 천함(賤)을 설명하면서 유가에는 세상의 영화를 사양하는 내용이 없다고 말한다.

> 문: 가난함과 천함은 사람들이 싫어하는 것인데, 도로써 그것을 얻지 않으면 떠날 수 없다고 하며, 군자가 가난함과 천함을 좋아함은 바로 이러한 경지에 이른 것이다라고 일컬어진다. 참으로 그렇다면 군자는 영원히 가난함과 천함을 떠날 수 없지 않겠는가.
>
> 답: 내가 논어의 일부를 보건대 불교의 분위기와는 크게 다르다. 거기에는 세상을 버리거나 영화를 사양하는 것과 같은 내용이 없다. 어찌 한번 가난함과 천함을 얻음이 있다고 하여 그것을 곧 가난함과 천함을 떠나지 않는 이치에 고집하는 것이라 말할 수 있겠는가. 다만 도로써 가난함과 천함을 떠나지 않을 뿐이다. 즉 군자는 가난함과 천함에 머무르지만 억지로 떠나지 않을 뿐이다.

다시 말해 불가에서는 원래 세속적 부귀와 영화를 멀리한다. 그러나 유가에서는 기본적으로 가난함과 천함을 싫어하여 피해야 될 것으로 본다. 다만 군자가 가난함과 천함을 좋아한다고 하는 말은 그가 도를 얻었기 때문에 구차하게 억지로 그러한 처지를 떠나지 않을 따름이다. 따라서 유교와 불교는 가치의 지향점이 다르다는 것이다.

2) 초의 의순과 범해 각안의 유교 이해

① 초의 의순

초의는 널리 알려진 바와 같이 그는 다도를 정립하였을 뿐만 아니라, 당시 유교 지식인들의 필수 지적 조건인 시서화(詩書畵)에 깊은 식견을 갖고 있었다. 다산은 이러한 초의에 대해 그가 비록 승복을 입었지만 유교적 지식과 교양을 갖춘 인물로 높이 평가한다.

> 머리숱이 많던 초의선사 좋던 머리 대머리 되었구료.
> 그대는 장삼을 벗어버리면 유자(儒者)의 본 모습 나타나누나.
> 낡은 거울 이미 마멸되었으나 새 도끼는 무딘 것이 아니로세.
> 재예가 뛰어나 제자 된지 두 달만에 깨닫던 그대.

이 시를 통해서도 알 수 있듯이 초의는 다산에게서 유교를 배워 그 능력을 인정받았다. 이후 그는 수많은 시문(詩文)들을 남기게 되며 그의 시에는 유가의 이념과 정서들이 곳곳에 드러나고 있다.

> 성인 가신 지 3천년, 도는 사라져 세상은 혼란스럽네.
> 홀로 한가로운 세월을 보내고자, 문 닫고 시서에 충실하네.
> 마음은 오래 전부터 천진하고, 덕업(德業), 충효도 드높혔지.
> 장부가 만약 도가 있음을 알았다면, 마땅히 '조문도(朝聞道)'란 말을 되새겨야 하리.
> 이미 깊고 얕음을 알 수 있다면, 모름지기 참과 거짓을 구별해야 하리

즉 그는 불서뿐만 아니라 시서 등 많은 유가의 전적에 심취하였으며 충효 등의 유교적 가치와 『논어』의 '조문도' 등의 이념 등에도 깊은

관심을 보이는 것이다. 그러나 초의가 유교경전에 대해 직접적으로 논하고 있는 자료는 없다. 다만 그의 유저(遺著) 가운데 유교에 대한 그의 이해의 단면을 유추할 수 있는 기록들이 보인다. 예를 들어 그는 "옛부터 성현들은 모두 차를 좋아하였나니 차는 군자와 같이 성품이 무사(無邪)하다."고 하여 사무사(思無邪)라는 유교의 근본정신을 자연스럽게 원용한다.

② 범해 각안

범해는 유교의 이념들을 인간의 보편적 가치체계로 인정함과 동시에 독자적인 방식으로 수용한다. 예를 들어 부모를 위해 산신각을 창건하는 시주를 위해 그가 지은 「은적암산신각창건기」에는 다음과 같은 내용이 보인다.

> 예(禮)는 수없이 많지만 이를 한마디로 하자면 무불경(毋不敬)이니 모습에 있어서는 공손함(恭)이요 마음에 있어서는 받듬(敬)이 된다. 정이(程頤)가 말하기를 마음을 집중하여 흩어지지 않는 것(主一無適)을 경이라고 했다. 정성스러운 효도(誠孝)의 마음은 온전히 하여 변함이 없는 것(全一無改)이나 그것은 마음으로 작용하고 얼굴로 나타나서 없는 곳이 없고 없는 날이 없어야 한다. 나의 부모를 받들 때는 다른 사람의 부모도 받들며, 나의 내신(內神)을 받들 때 외신(外神)을 받드는 것이니, 이것을 통해 받듬(敬)이라는 한마디로 수없이 많은 것을 포괄한다는 말은 저절로 알게 된다.

원래 경(敬)의 사상은 원래 정주학(程朱學)에서 정립된 수양론의 핵심을 이루는 것이다. 범해는 이것을 사상적으로 수용함과 동시에 이를 부모에 대한 효의 사상과 접맥시켜 이해하는 독특한 면모를 보이는 것이다. 또 유교 윤리의 핵심인 효를 직접적으로 강조하는 것 역시 탈세속적 출가지향의 불교 전통에서는 그리 흔한 일은 아니다. 범해에 있어 유교적 가치는 더 이상 불교의 그것과 구별되거나 부정해야될 것이 아니다. 이러한 시각에서 그는 사제간의 관계윤리에 대해서도 유교의 전통에 주목한다.

> 스승의 도는 엄하고 무거움으로써 기강을 삼고 제자의 도는 공경하고 따르는 것(敬順)으로 상궤(常軌)를 삼는다. 지금의 스승은 옛날의 스승과 같으며 공자와 석가가 바로 그들이다. 지금의 제자는 옛날의 제자와 같으며 안연과 가섭이 바로 그들이다. 사람으로 보면 시간적으로 앞뒤가 있지만 진리에는 앞뒤가 없다. 유교와 불교가 각각 따로 세워졌지만 스승과 제자의 풍토는 같다.

한편 범해 역시 소위 유불회통적 입장을 천명한다. 유불회통적 전통에서 많은 사람들이 회통의 근거로서 불교의 윤리이념인 오계(五戒)와 유교의 윤리이념인 오상(五常)의 동질성에 주목해왔다. 범해도 이점에 주목하여 그 둘의 본질이 크게 다르지 않다고 보면서 오계와 오상이 둘이 아니라고 한다.

> 살생, 도둑질, 음탕함, 거짓말, 음주는 불교의 오계이고, 인의예지신은 유교의 오상이다. 오상과 오계는 이름은 다르지만 뜻은 같다.

이러한 유불회통적 사고의 전개는 범해에 이르면 절정에 달하게 된다. 즉 범해는 불교의 설명에 유교의 개념과 논리들을 너무나 자연스럽게 원용하며 급기야 유교는 물론 불교적 진리의 궁극적 근원으로서 천을 상정하기에 이른다.

> 공자의 지(知)는 수경(手鏡)의 지이며, 맹자의 인(引)은 요어(要語)의 인이다. 인이란 본연의 선(禪)이며 지란 천착하는 교(教)이다. 인으로 지를 깨는 것은 그 지를 깨는 것이지 사람을 깨는 것이 아니다. 공자가 중유(仲由)를 깨는 것이 또한 이러하고, 맹자가 공손추를 깨는 것이 또한 이러한 것이다. 지와 인은 불가의 선과 교이다.

> 유가에서는 예로써 인의(仁義)를 세우고, 불가에서는 율로써 정혜(定慧)를 支持한다. (중략) 유가의 인의와 불가의 정혜는 명칭은 다르나 실은 같은 것이며, 길은 다르지만 같은 곳에 돌아간다. (중략) 도의 대 근원은 본래 천(天)이거니와 천이 어찌 사사롭거나(私) 다름(異)이 있겠는가.

여기서 보는 것처럼 범해는 교와 선의 관계를 설명하면서 그 이념적 배경과 지향이 전혀 다른 유교의 개념들을 도입하는 것이며, 궁극적 진리의 근원으로서 천(天)을 인정하는 것이다. 그의 이러한 불교이해는 가히 또 다른 차원의 격의불교라고도 명명할만한 것이다.

5. 맺는 말

사회는 변화를 속성으로 하며 지식인상도 변한다. 우리는 이 시대에 요청되는 바람직한 지식인상과 정신문화를 정립할 필요가 있다. 이를 위해서는 한국지성사에 보이는 다양한 지식인상의 변천양상과 정신세계의 특징을 고찰할 필요가 있으며, 조선후기 대둔사를 중심으로 한 유교와 불교의 사상적 교류와 이 과정에서 발현된 창조적 지성은 크게 주목된다.

조선조 후기 유학자와 승려들이 추구한 이념과 삶의 방식이 근대 한국사회의 변화과정에서 새로운 사회의 형성과 전개를 주도한 지식인 계층에게 어떻게 수용되는가의 문제는, 그 정신세계가 갖는 긍정적 의미와 부정적 의미를 밝히기 위해서도 필수적인 과제이다. 이 연구는 이러한 문제의식을 기본으로 출발하였으며, 직접적으로는 대둔사를 중심으로 한 전남 남해안 지역의 문화와 정신사를 밝힘과 동시에 한국지성사의 한 단면을 규명함으로서 우리의 전통문화와 사상에 대한 새로운 이해의 지평을 제시하기 위한 것이다.

조선조 후기 불교계는 당시 정치와 문화가 유교를 중심으로 재편된 시대적 상황 속에서 사상연구의 쇠퇴로 인한 불교이념의 상실 내지 왜곡, 산중 불교화 및 부녀자 중심의 기복신앙화로 인한 사회적 영향력의 약화 내지 폐단이 심화되고 있었다. 불교계는 시대적으로 불교 내부의 근본적 개혁을 통한 활로 개척이 절실히 요구되었던 것이다.

이러한 상황에서 시대의 변화에 민감한 불교의 지식인들은 사상계의 추세에 대응하려는 노력을 시도하였다. 예를 들어 추사를 비롯한 대둔사의 승려들은 교선융합적 사상을 전개하고, 나아가 불교라는 사상적 틀을 뛰어 넘어 유학자들과의 교류를 시도하였다. 전통적 성리학 중심에서 탈피하여 새로운 학문체계를 수용한 다산, 추사 등과의 교류가 그 대표적이다.

당시 불교의 대표적 지식인들은 유교적 교양을 주체화한 유학자들과의 교류를 통해 실학적 사고의 도입 내지 실학정신의 불교적 수용이라고도 할 수 있는 의미 있는 변화의 과정을 겪게 된다. 또 이들은 불교뿐만 아니라 역법, 음악, 성리학 등의 다양한 문헌에까지도 폭넓은 이해를 갖게 되었던 것이며, 예를 들어 다도를 비롯한 초의선사의 백과전서적 지식 역시 당대의 실학정신을 반영하는 것으로 볼 수 있다. 그리하여 불교의 승려들은 절대적 도덕률이나 전통적 규범 중시의 태도를 부정하고, 부단히 정신적 자유의 확보에 노력하여 사유방식의 다양성을 추구하게 된다. 그들은 시대적 변화 속에서 초현실성을 탈피하여 경험세계를 중시하였으며, 종교적 권위와 전통적 상징의 절대화 내지 고정화에도 도전하였던 것이다.

반면 두 지식인 집단 간의 교류가 유교 지식인들의 정신세계에 초래했을 변화 역시 적지 않았을 것임은 쉽게 추측된다. 우리는 여기서 조선후기 지식인 사회의 역동성과 개방성을 확인할 수 있다. 전혀 이질적인 이념과 삶의 방식을 추구하는 이들 두 지식인군의 만남이라는 사건과 거기에 새롭게 발현되는 다양한 창조적 지성과 이들의 사유전통은 근대적 지성의 형성에 근간이 되었으며 한국지성사를 크게 살찌우게 된다.

그러나 이들의 대안적 가치체계와 새로운 방법론의 도입 추구 노력은 시대정신을 주도하고 시대의 변화를 선도적으로 이끌어 갈 정도의 체계화된 사상의 구축으로 결실되지는 못하였다. 즉 아암, 초의, 범해 등에 있어서도 그들의 시도는 사상적 측면에서나 사회적 측면에서나

의미 있는 혁신적 변화로 전개되기에는 여전히 역부족이었다. 불교진흥을 위한 이들의 노력은 당시로서는 별다른 결실을 맺지 못했던 것이다. 그들의 인식과 노력에 비해 사상적·사회적 변화의 속도와 폭은 너무나 크고 빨랐던 것이다. 이론과 실천면에서 시대적 요구에 부응하는 의미 있는 시도들은 20세기 전반 한용운 등에 이르러서야 비로소 발견된다.

한국의 지장신앙 고찰

1. 서론 ; 왜 지장신앙인가?

죽음과 재난이란 인간에게 숙명적으로 따르는 사실이지만, 인간은 누구나 죽음과 재난으로부터 벗어나고 살아서 뿐만 아니라 사후의 세계에서도 행복을 구하려고 한다. 한국의 지장신앙은 주로 죽은 자에 대한 명복을 비는 신앙으로 억불숭유의 조선시대에도 지속된 한국인 민중신앙이라고 할 수 있을 것이다. 죽음에 대한 공포는 인간실존에서 가장 현실적인 모순이며 피할 수 없는 고통이기 때문에 지장신앙은 대단히 대중적인 것이며, 널리 받아들여져 왔다. 지장보살과 지장경의 성립은 악도에 떨어지지 않고 지옥고로부터 벗어나고 구제받으려는 신앙이다.

지장보살은 현세에서 고통 받는 중생뿐만 아니라 지옥의 중생마저도 불쌍히 여겨 지옥이 다하기 전까지는 결코 성불하지 않고 중생제도의 발원을 한 보살이다. 말하자면 인간이 겪는 가장 큰 재난이라고 할 수 있는 죽음에 대한 공포, 그리고 죽음 후의 공포를 해소해 줄 수 있는 보살이라고 할 수 있다.

그래서 지장신앙은 최악의 지옥의 고통에서 벗어나게 함과 동시에, 현생에서의 질병과 재난을 피하게 하고 나아가 장수와 행복 등 복을 줌과 동시에 궁극적으로는 불교신앙의 정수인 참회와 깨달음에 이르게 하는 것이다

그렇다면 현세의 고통을 들어주는 관음신앙과 같은 신앙이 있는데 굳이 지장신앙이 강조되는 가를 살펴보자면 이 신앙이 무불(無佛)의 무보살의 험악한 세상[1]에서 특히 강조된다는 점을 주목해 볼 필요가 있다. 전환기나 비상한 시대와 시기에 지옥에서라도 중생을 자비심으로 구하겠다는 지장보살의 서원이 호소력을 가지고 있음을 알 수 있다.

> "너희들은 마땅히 알아라. 보살 마하살이 있어 지장이라 하는데, 무량무수 대겁(大劫)의 오탁악세의 부처님이 없는 세계에서 유정(有情)이 성숙하여, 이제 80백 천 나유타 빈발라보살과 더불어 여기에 오고자 하니, 예경(禮敬)하고 나를 친근 공양하는 까닭이다. ...이 지장보살마하살이 무량무수한 불가사의 수승한 일체세간을 장엄한 공덕이 있다. 성문과 독각은 능히 헤아릴 수 없으니 이 대보살은 여러 미묘한 공덕의 복장(伏藏)이니 이는 여러 해탈의 진귀한 보물의 출처이다."[2]

---

1) 五濁;

劫濁; 시대의 더러움으로, 이 시대에 생기는 기아나 역병 등의 天災나 환경오염과 전쟁 같은 사회악을 말한다.

見濁; 사악한 사상이나 견해가 무성해진다.

煩惱濁; 탐욕,분노, 어리석음 같은 여러 가지 정신적 악덕이 팽배해 진다.

衆生濁; 중생들의 자질이 지극히 저하된다.

命濁; 중생의 수명이 점차로 짧아진다.

2) 大正藏 13권, p.721.『大乘大集地藏十輪經』序品第一 "汝等當知 有菩薩摩訶薩 名曰地藏 已於無量無數大劫 五濁惡時 無佛世界 成熟有情 今與八十百千那庾多頻跋羅菩薩 俱爲欲來此 禮敬親近供養我故 .....是地藏菩薩摩訶薩 有無量無數不可思議殊勝功德之所莊嚴一切世間 聲聞獨覺所不能測 此大菩薩 是諸微妙功德伏藏 是諸解脫珍寶出處."

조선시대의 억불정책에도 불구하고 불교의 명맥이 유지된 것은 부모에게 효도하고 극락왕생을 바라는 지장신앙과 같은 대중신앙이 있었기 때문이다. 유교의 상례가 엄존했음에도 불구하고 유교의 세계관은 극락이나 지옥과 같은 사후세계에 대한 제시가 없었기 때문에 불교의 역할이 필요했던 것이다.

지금도 윤달이 있는 해에는 전국의 사찰에서 생전 예수재의식이 거행되는 것을 볼 수 있고, 매월 지장재일이 있으며, 또 일반인들의 장례식 이후 고인의 명복을 빌기 위해 49재와 같은 천도의식이 여전히 한국불교의 중요한 의례로 행해지고 있고, 이처럼 지장신앙은 억불의 시대인 조선시대에서도 꾸준히 불교의 명맥을 유지시킨데 크게 기여하고 있음을 부정할 수 없다.

2. 지장신앙이란 무엇인가?

1) 지장신앙의 연원

지장신앙이란 지장보살이 자신의 성불을 포기하고 지옥의 중생까지도 구제하겠다는 서원을 특색으로 하고 있다. 그러나 중요한 것은 반드시 지옥의 고통에서만 지장보살의 신앙의 유효한 것이 아니라 현세에서도 자비의 손길이 뻗힘을 위의 공덕에서 살필 수 있다.

지장의 관념은 인도 고대 지모신(地母神)인 프리티비(Prithivi)에서 유래하였으며, 그것이 독립된 대승보살로서 형성되고 신봉되기 시작한 것은 4세기 무렵 중앙아시아의 타림분지라는 사실이 확인되었다.[3] 이 신앙은 이른바 대지의 덕을 의인화한 바라문교의 지모신을 불교가 수용한 데서 비롯되었다. 그렇기 때문에 대지의 신이었던 지장은 더욱 깊이 토속적인 것과 결합하기 쉬었고, 따라서 자신을 불살라 만물을 성장하게 한다는 민중적 성격을 강하게 지니게 되었다.[4]

지장은 지모신으로서 만물을 낳아 기르는 어머니와 같은 대지의 의미를 함축하고 있다. 또 대지는 만물을 포용하고 성숙시키는 힘을 가지고 있다. 즉 일체의 것을 포용함과 동시에 소생시키는 힘을 발휘하고 있는 것이다. 이와 같은 힘이 지장보살의 공덕력으로 표현되고 있다.[5] 지장은 태(胎) 또는 자궁이라는 의미에서 출산을 연상시키며, 그것이 안산(安産), 자안(子安), 자육(子育), 세속(世續)이라고 하는 아이의 지장신앙으로 전개된 것은 자연스러운 흐름이었을 것이다.[6]

지장신앙의 발생지인 인도에서는 이 신앙의 자취를 거의 찾아볼 수 없다. 오히려 중국에서는 법멸(法滅)의 위기의식의 산물인 말법사상의 출현, 지옥의 공포와 함께 재래의 명부시왕신앙과 습합하여 민간 대중신앙으로 널리 신봉되었다. 우리나라의 경우에 이 보살은 중국과 같이 명부시왕과 결합되어 전하면서 주로 망자천도 곧 죽은 이의 사후의 복을 빌어 주는 신앙으로 정착하였다.

지장신앙 가운데 인도에서 기원하고 있는 왕은 야마천, 즉 염라대

---

3) 양재오,「지장신앙의 이해」, 서강대학교 대학원 박사학위 청구논문, 1993.

4) 여성구,「동아시아 지장사상과 신라 왕자 김교각」,『동아시아 지장사상의 전개와 지장 법사 그의 위대한 생애』 제1회 육신보살 지장법사 국제 학술회의. 1999.

5) 오양미,「한일지장신앙의 유형 비교연구」,『실학사상연구』 13. p.591.

6) 오양미, 앞의 논문. p.616.

왕뿐이다. 이 점에서 명부시왕신앙은 중국에서 도교와 혼합으로 성립된 것임을 알 수 있다.[7] 명대(明代) 이후에 도교를 중심으로 민간신앙으로서 지옥시왕신앙이 더욱 활발해지게 되었다.[8]

물론 명부시왕 신앙의 중심에는 지장보살이 있다. 중국의 지장신앙은 7세기 중엽 무렵 이후 내세적인 아미타 정토교와 함께 지장신앙이 성행하였다.[9] 지장으로부터 구원을 받았어도 다시 미륵으로부터의 구원을 구하는 것은 당시 지장신앙이 미륵에 이르기 위한 전단계 신앙으로서, 최초에는 지장에게, 최종적으로는 미륵에게 구제를 구하는 것이 더욱 중요시 되었다. 즉 당시 지장신앙은 미륵보다 한 단계 아래의 신앙 형태로서 존재했던 것이다.

또한 당대부터 송대(宋代)까지는 지장신앙의 성행은 돈황에서 발견된 50여점의 지장도에서도 살 필 수 있다. 이들 중 독존(獨存)의 지장도가 약 15점, 관음 지장병립도가 10여점, 그리고 지장시왕도가 10여점이 있다고 하는데, 이것을 통해서도 당시의 지장신앙의 성격을 알 수 있다.[10]

특히 폐불 등의 불교의 위기의식 속에 말법사상이 퍼지면서, 말법의식에 고무된 삼계교의 신앙 속에 지장신앙이 유행하기도 했다. 왜냐하면 지장보살은 석가불과 미륵불의 중간(말법)세계를 주관하는 현세의 보살이었기 때문이다.

---

7) 眞鍋廣濟,『地藏菩薩の硏究』昭和51年, 三密堂, p.111

8) 오양미, 앞의 논문. p.592.

9) 速水 侑,『地藏信仰』(東京, ?書房,1988), pp.29-32)

10) 여성구, 앞의 논문. p.28.

2) 지장보살

지장의 어원은 범어의 크시티가르바하(Ksitigrabha)라고 한다. 여기에서 크시티(Ksiti)는 땅을 의미하고 가르바하(garbhah)는 모태, 품고 있다는 뜻으로, 만물을 낳아 기르는 어머니와 같은 대지의 의미를 함축하며, 일체를 포용하면서 소생시키는 힘의 상징이다.

지장보살은 석가모니불이 열반한 다음, 미륵불이 출현하기 전까지의 무불(無佛)의 고난의 시대에 중생의 세계에 남아 중생들이 겪는 고난을 굽어 살피는 그런 자비의 보살이다. 석존이 열반한 다음, 미륵불이 출현하기 전까지 무불(無佛)세계에 남아서 탁악(濁惡)의 세계로부터 모든 중생을 구할 때까지 성불하지 않는 지장보살은 미륵신앙의 전단계로서의 위상을 가지고 있다. 석존의 열반 이후 미륵불이 도래하기 전까지 무불 시대에 중생을 제도하도록 위촉받은 보살이라고 할 수 있다.

지장보살은 전생은 광목(光目)이라는 여인이었다고 한다. 지옥에 떨어진 친어머니를 구제하였을 뿐만 아니라 다시 지옥의 모든 중생들이 남김없이 모두 해탈할 때까지는 스스로 성불하지 않겠다는 발원을 하게 된다.

> "해탈보살은 광목의 딸이다. 즉 지장보살인데 과거 구원의 겁 가운데 이같은 사랑으로 항하사의 원을 내어 중생을 널리 구제하였다."[11]

보통보살은 석존의 태자 시기의 모습이나 인도 왕족의 모습처럼 보관(寶冠), 영락(瓔珞) 등을 치장한 화려한 모습으로 나타나지만, 지장보

---

11) 大正藏 13.『地藏菩薩本願經』권.상.p.780/b. "解脫菩薩是 光目女者 卽地藏菩薩是 過去久遠劫中 如是慈愍 發恒河沙願 廣度衆生"

살은 일반 승려의 모습이 많으며, 실질적으로 일반인들의 생활 속에 밀접하게 관계되어 왔다. 지옥에서라도 중생을 포기하지 않고 구하고자 발원한 지장보살의 모습은 일반 스님의 모습으로 조성된다.

지장보살을 봉안한 명부전을 보면, 저승의 유명(幽冥)계를 사찰 안에 옮겨 놓은 구조이다. 이 안에는 중앙에 지장보살이 봉안되어 있으며 왼쪽에 도명존자(道明尊者)[12] 오른쪽에는 무독귀왕(無毒鬼王)[13]이 봉안되어 삼존상을 이룬다. 그리고 그 좌우에 명부 시왕상을 안치하며, 시왕상 앞에는 시봉을 드는 동자상 10인, 판관 2인, 기록하는 녹사(綠事) 2인, 문 입구의 장군 2인 등을 마주보게 배치하여 모두 29체의 존상을 갖춘 모습이다.

또 지장전의 모습을 보면 지장보살의 위쪽 벽에는 지장탱화를 봉안하고, 시왕의 뒤편에는 명부시왕탱화를 봉안하게 된다. 이 시왕탱화를 명부전에 봉안할 때는 1대왕씩 10폭으로 묘사하거나 5대왕씩 2폭으로 묘사하여 봉안하며, 중앙 지장보살의 왼쪽에는 홀수 대왕이, 오른 쪽에는 짝수 대왕이 배치된다.

예수재 등의 의례을 거행할 때 지장시왕도를 비롯해 지장관계 도상이 필요했는데, 지옥과 극락을 함께 도설로 그리기도 했다. 도설에 극락과 지옥의 세계가 어느 한쪽이 강조되느냐에 따라 지옥도가 되기도

---

12) 道明존자는 지장보살 왼쪽에 서 있는 상으로 일반적으로 젊은 스님의 모습을 하고 있다. 전하는 바에 따르면 존자는 중국 양주 개원사의 도명화상으로 778년 지옥 사자를 따라 지옥에 가서 지장보살을 친견하고 돌아와 자신의 명부에서 본 모습을 그림으로 그렸다고 한다. 그 후부터 도명존자는 지장보살의 협시로 빠짐없이 나타나고 있다.

13) 무독귀왕(無毒鬼王)은 지장보살 오른쪽에 서 있는 상으로 귀신왕임에도 불구하고 대개 문관 또는 왕의 모습으로 표현되고 있다. 이 무독귀왕은 사람들의 악한 마음을 없애 준다고 하는데, 지장보살 전생담 중 효성스런 바라문의 딸에게 지옥에 관해 설명해 준 자로 財首보살의 화신이라고도 한다.

하였고, 극락정토가 되기도 했다. 이것은 후에 감로탱화로 발전하기도 했는데, 그 내용은 주로 육도중생이 사후에 49재를 지내면 아미타불의 가피를 받아 극락왕생 할 수 있다는 것이었다.[14]

고려시대 지장보살도에서는 사천왕이 빠짐없이 등장하고 있으나 조선시대에는 몇몇 예를 제외하고는 사천왕이 거의 표현되지 않는 것으로 보아 시간이 흐름에 따라 지장보살도에서 사천왕의 역할이 감소되어 갔음을 볼 수 있다.[15]

고려 후기 사후신앙과 연관되어 유행한 지장신앙은, 조선시대에 들어와 명부전에서 망자추선(亡者追善)을 기원하는 신앙을 중심으로 하게 되었다. 그 같은 명부시왕신앙과 결합된 지장신앙은 지장전 또는 명부전을 중심으로 하여 지금도 계속되고 있다.[16]

3) 지옥

지장신앙은 기복신앙으로 현세 중생의 이익을 대변하는 관음신앙과 함께 사후 이익을 대변하는 신앙이기 때문에 지옥의 고통과 관계가 깊다. 죽은 자의 고통에 대한 구제는『지장보살본원경』에 잘 나타나 있다. 여기서는 불에 타고 물에 빠지는 등의 어려움에 빠져있거나 온갖 질병에 고통 받고 근심과 고통에 직면해 있을 때, 지장보살의 이름을 부르고 귀의하면 모든 어려움에서 벗어나 천상에 날 수 있다고 한다.

중국에서는 1세기 경 인도로부터 불교가 전해지면서 지옥사상도 함

14) 선진,『지장성지를 찾아서』, 우리출판사. p.31.

15) 김정희,「조선전기의 지장보살도」p.91.『강좌미술사』4권. 한국불교미술사학회, 1992.

16) 김태훈,「한국지장신앙의 연구」원광대학교 대학원. 2000. p.604.

께 전해진다. 특히 남북조 시대에 이르면 인도의 염라왕[17]과 중국의 태산부군이 결합되어 중국의 독특한 지옥사상으로 발전한다.[18]

중국이나 한국에서 유행하는 시왕은 실상 이 지옥을 관리하는 왕들이다. 이를 살펴보면 다음과 같다. 이것은 또한 49재에서 곧 7.7재[19]의 공양의 대상이 되기도 한다.

1. 진관(秦官)대왕; 첫 7일 관장, 도산(刀山)지옥 관리, 이 지옥은 산 위에 날카로운 칼 숲이 있고 죄를 지은 이는 칼산 위에서 몸이 찢기는 형벌을 받는 곳이다. 혹은 철상(鐵床)지옥의 왕으로 묘사되며 손에는 규(圭)를 들고 있으며,[20] 不動明王의 화신이다.
2. 초강(初江)대왕; 두 번째 7일, 화탕(火湯)지옥 관리, 이 지옥은 계속해서 끓는 큰 솥에 빠뜨리는 형벌을 받는 곳이다. 혹은 박피(剝皮)지옥의 왕으로 묘사. 손에는 붓을 들었으며,[21] 석가여래의 화신이다.
3. 송제(宋帝)대왕; 세 번째 7일, 한빙(寒氷)지옥 관리, 이 지옥은 나체로 얼음 위에서 살을 에이는 혹독한 추위로 형벌을 받는 곳이다. 혹은 발설(拔舌)지옥의 왕으로 묘사. 손에는 규를 들었으며,[22] 문수보살의 화신이다.
4. 오관(五官)대왕; 네 번째 7일, 검수(劍樹)지옥 관리, 이 지옥은 칼에 찔리는 곳이다. 혹은 확탕(鑊湯)지옥의 왕으로 묘사. 손에 규를 들었으며,[23] 보현보살의 화신이다.

17) 염라대왕은 yama라고 한다. 본래 힌두교의 죽음의 신이다. 온후한 모습이나 티벳의 yama 탱화는 험악한 모습으로 변한다.

18) 김정희,「대족 보정산 석굴의 지옥변상 연구」, p.12.

19) 사람이 죽은 후 죽은 날로부터 매 7일째마다 7회에 걸쳐 지내기 때문에 칠칠재라고도 한다. 이 재는 지장보살이 육도중생에 빠진 사람들을 구하는데, 그 중에서도 지옥중생을 구하는 것을 발원한데서 연유된 것이다.

20) 『조선불화 10대지옥』 대원사 티벳박물관. 2005. p.13.

21) 앞의 책, p.15.

22) 앞의 책. p.17.

23) 앞의 책. p.19.

5. 염라(閻羅)대왕; 다섯 번째 7일, 발설(拔舌)지옥 관리, 이 지옥은 손으로 입에서 혀를 빼내는 고통을 받는 곳이다. 혹은 대애(碓磑)지옥의 왕으로 묘사. 손에는 붓을 들었으며,[24] 지장보살의 화신이다.
6. 변성(變成)대왕; 여섯 번째 7일, 독사(毒蛇)지옥 관리, 이 지옥은 맹렬한 독사들에게 물리는 곳이다. 혹은 도산(刀山)지옥의 왕으로 묘사, 한 손에 붓, 다른 한손에는 규를 들었으며,[25]미륵보살의 화신이다.
7. 태산(泰山)대왕; 일곱 번째 7일, 거해(鉅骸)지옥 관리 염라대왕의 서기, 이 지옥은 톱으로 사지가 찢겨지고 배가 터지는 형벌을 받는 곳이다. 손에 규를 들었으며,[26] 약사여래의 화신이다.
8. 평등(平等)대왕; 망자 백일 관리, 철상(鐵床)지옥 관리, 이 지옥은 활활 타는 화로 위의 철상에서 창과 불로 고통을 받는 곳이다. 혹은 중합(衆合)지옥의 왕으로 묘사. 손에 규를 들었으며,[27] 관세음보살의 화신이다.
9. 도시(都市)대왕; 망자 1주기 관리, 풍도(風塗)지옥 관리, 혹은 한빙(寒氷)지옥으로 묘사되며,[28] 아촉여래의 화신이다.
10. 전륜(轉輪)대왕 : 망자 3주기 관리, 흑암(黑暗)지옥 관리, 눈으로 보지 못하는 고통을 당하는 곳이다. 오도전륜(五道轉輪)대왕이라고도 하며 손에 붓을 들었으며,[29] 아미타여래의 화신이다.

일반 대중들에게 널리 알려진 염라대왕은 시왕중의 다섯 번째의 왕이고 엄중하게 죽은 자들을 심판하지만, 사실은 지장보살의 화신이기도 하다. 지장보살은 이런 냉혹한 시왕인 판관들에게 죽은 자를 구제하기 위해 노력하는 보살이다. 또한 지장보살에게만 기도하지 않고 불보살의 화신인 시왕도 같은 차원의 신앙의 대상이 된다.

24) 앞의 책. p.21.
25) 앞의 책. p.23.
26) 앞의 책.p.25.
27) 앞의 책. p.27.
28) 앞의 책. p.29.
29) 앞의 책. p.31.

3. 한국의 지장신앙

1) 지장신앙의 의례

(1) 지장재일

불교에서는 일반적으로 의례라는 용어를 쓰지만, 특정한 의례에 대해서는 재(齋)라는 용어를 사용한다. 여기서 재(齋)란 원래 산스크리트어 우포사다(Uposadha)의 한역으로서 몸 입 생각 혹은 뜻-세가지 업-을 맑게 하고 악업을 짓지 않는다는 뜻이다. [30]

사찰에서 행해지는 지장신앙의 형태로 먼저 지장재일을 꼽을 수 있다. 이 신앙생활은 『지장본원경』을 근거해서 지속되는 의식으로 예수재와 49재와 구별되는 일상생활 속의 지장신앙이다.[31] 지장재일은 당연히 지장보살이 중심이 되는 의례이다. 그리고 예수재와 사십구재는 명부시왕이 주축이 된 의례로 보인다.

> '보광아 미래세계의 중생은 매달 1일, 8일, 14일, 15일, 18일, 23일, 24일, 28일, 29일, 30일에 모든 죄를 모아서 가볍고 무거움을 정하게 된다. 남염부제의 중생은 몸을 움직이고 생각을 하는 것이 업이 아닌 것이 없고 죄 아닌 것이 없다. 하물며 방자한 마음으로 산목숨을 죽이고, 도둑질하고, 사음하고, 망어(妄語)하는 백 천의 죄상을 말해 무엇하겠느냐. 만약 십재일에 불보살의 모든 어질고 거룩한 형상 앞에서 이 경을 한 번만이라고 읽으면, 동서남북 백 유순에 걸쳐서 모든 재난이 없을 것이다."[32]

---

30) 홍윤식,「기도형 의례와 문화형태」,『불교문학연구입문』서울동화출판사. p. 101

31) 선진, 앞의 책. p.44.

32) 大正藏 13.『地藏菩薩本願經』卷.上.p,783b.제6. 如來讚嘆品."復次普光 若未來世 有諸下賤等人 或奴或婢 乃至不自由之人 覺知宿業 要懺悔者 志心瞻禮 地藏菩薩形

이처럼 정해진 십재일에 불보살 특히 지장보살이 중심이 되지만, 여기서 중요한 것은 계율을 지킨다는 의의가 강함을 알 수 있다. 평소에 중생들이 사유와 행동에 많은 나쁜 업과 죄를 짓는다. 그러나 출가수행자가 아니기 때문에 어쩔 수 없기도 하므로, 특정의 재일에는 계를 지키며 경건하게 지낼 필요가 있다는 점에서 지장재일이 반드시 기복적인 것이 아니라 다분히 참회와 수행의 의의가 있다.

(2) 49재

지장신앙 가운데 가장 대중적인 신앙이 49재라고 할 수 있을 것이다. 죽은 이를 위한 의례라고 할 수 있는데 이 의례를 행함으로써 지옥의 고통을 벗어나 죽은 자가 천상에 태어나기를 기원했다.

> "효성스러운 자식이 재를 지내고 복을 지음으로써 망인을 천도하여 고통에서 벗어나게 하니 이는 낳고 길러주신 은혜에 보답하는 길이다. 49재를 지내고 성상을 조성하면 부모는 그 과보로 천상에 태어난다."[33]

像 乃至十七日中 念菩薩名 可滿萬遍 如是等人 盡此報後 千萬生中 常生尊貴 更不經三惡道 復次普光 若未來世中 閻浮提內 刹利婆羅門長者 居士 一切人等 及異姓宗族 有新産者 或男或女 七日之中 早與讀誦 此不思議經典 更爲念菩薩名 可滿萬遍 是新生者 或男或女 宿有殃報 便得解脫 安樂易養 壽命增長 若是承福生者 轉增安樂 及與壽命復次普廣 若未來世衆生 於月一日八日十四日十五日十八日二十三二十四日 二十八 二十九日 乃至三十日 是諸日等 諸罪結集 定其輕重 南閻浮提衆生 擧止動念 無不是業 無不是罪 何況恣情 殺害竊盜 邪淫妄語 百千罪狀 能於是十齋日 對佛菩薩 諸賢聖像前 讀是經一遍 東西南北 百由旬內 無諸災難"

33) 卍續藏 150.『佛說預修十王生七經』p.779. "慈孝男女 修齋造福 薦拔亡人 報生業之恩 七七修齊造像 以報父母 令得生天"

이 지옥으로부터의 구원자는 다름 아닌 지장보살이다. 지옥의 고통을 당하는 사람이 있는 한 성불하기를 포기하겠다는 그의 서원이 바로 호소력을 가진 것이며 이는 특히 사후의 고통으로부터의 구원인 것이다.

> "지장보살이 백천의 방편으로 교화하니 이 여러 중생이 먼저 이 같은 등의 과보를 받고, 후에 지옥에 떨어져 수겁을 지나 나오는 시기가 없으니 이러한 고로 그대들은 사람을 보호하고 나라를 보호하고 여러 업으로 하여금 중생을 미혹하게 하지 말라. 사천왕이 듣고 나서 울면서 합장하고 물러갔다."[34]

망자를 위해 그 권속들이 7.7재를 올리면 악도에 떨어지는 것을 벗어나 천상에 태어나게 된다는 신앙이다. 물론 이때의 의례는 죽은 망자만의 명복에 머무는 것이 아니라, 재를 행한 사람이 복을 받기 때문에 '이익존망(利益存亡)'이라고 말하기도 한다.[35]

그러면 왜 하필이면 49일간의 기간이 필요한가에 대해 이야기할 필요가 있다. 49재는 다른 용어로는 칠칠재라고도 한다. 칠일간 일곱 번 재을 올리기 때문이다.

> "불경에서 이르기를 사람이 죽어 49일이 지난 후에야 중음(中陰)에서 명하게 되므로 재칠(齋七)의 법을 갖춘다. 오늘날의 사람들은 백일, 소상, 대상을 모두 행하는데, 그것이 비록 유가의 상제에 의한 것이지만 능히 불교도들의 복을 닦을 수 있으니 믿지 않겠는가."[36]

---

34) 大正藏 13.『地藏菩薩本願經』卷.上. p.780c. 分身集會品."地藏菩薩百千方便而敎化之 是諸衆生 先受如是等報 後墮地獄動經劫數 無有出期 是故 汝等護人護國 無令是諸衆業 迷惑衆生 四天王刃聞已 涕淚悲歎合掌而退"

35) 오양미, 앞의 논문.

36) 大正藏 49. 志磐 撰『佛祖統紀』320c. 卷33,"佛經云 人死七七 然後免於中陰之趣

49재는 앞서 말한 시왕사상과 관련이 깊다. 7일마다 관장하는 왕들에게 차례로 재를 지내는데 여기에서의 재는 지장재일과는 달리 그야말로 망자의 명복을 비는 기도의 뜻이 강하다.

예수재는 살아 있는 동안에 미리 49재를 지내 왕생극락하고자 신앙에서 비롯된 의식이다. 이 의식은 음력으로 윤달이 들어 있는 해 전국의 거의 모든 사찰에서 치러지고 있다.

재를 치르는 법당 중앙에 삼신(三身)불단을 설치하고, 동쪽에는 지장단 그리고 서쪽에는 시왕단을 설치하고 명부시왕단은 법당밖에 설치하는데, 그것은 밀교의 만다라 구조와 같은 것이다.

> "만약 선남자 선여인, 비구 비구니 우바새 우바이가 생전에 예수 7재를 지내는 사람이 있어 매월 초하루 보름에 삼보전에 공양하고 시왕단을 개설하고 이름을 써서 넣되 6조에게 고하고 선업동자는 천조지부관(天曹地府官) 등에게 알리고 나서 저승 명부에 기록해 둔다. 이러한 공덕으로 죽은 뒤에 바로 안락한 곳에 태어나며, 49일 동안 중음신으로 머무는 일이 없다. 권속들의 기도를 기다리지 않는다. 인간의 목숨은 시왕에게 달려 있으므로 예수재 도중에 일재(一齋)라도 빠뜨리면 그 왕에 잡히어 일년 동안 머물게 된다. 그러하니 너희들은 이를 실천하여 그 과보를 받도록 생전에 기원하라."[37]

지장시왕 신앙의 중심이 되는 경전인 『불설예수시왕생칠경』은 고려

故備乎齋七之法 至於今人 百日小祥大祥有擧行佛事者 雖因儒家喪制之文 而能修釋門奉嚴之福 可不信哉"

37) 卍續藏 150『佛說預修十王生七經』p.778. "若有善男子 善女人 比丘 比丘尼 優婆塞 優婆夷 預修生七齋者 每月二時供養三寶 祈說十王修名納狀 奏上六曹 善業童子 奏上天曹地府官等 記在名案 身到之日 便得配生快樂之處 不住中陰四十九日 不待男女追求 命遇十王 若闕一齋 滯在一王 留連受苦不得出生 遲滯一年 是故勸汝 作此要事 祈往生報."

1246년(고종3)이후 여러 차례 판본이 간행되었는데, 현재까지 남아 있는 것은 1246년 판본을 빼면 거의 대개 조선시대 것이다. 이를 보아서도 조선시대에 오면『시왕경』을 중심으로 한 지장시왕신앙이 민간의 불교신앙으로서 보다 활발히 성행되었을 것으로 보인다.[38]

한국에서는 지금도 윤달이면 생전 예수재를 지내고 있으며, 그 의의는 49재와 동일하다.

2) 생전의 구복

지장신앙은 망자의 명복만을 비는 것이 아니라, 살아 있는 자에게도 그 자비의 은택을 많이 베풀 수 있다. 이것은 지장보살이 단지 죽은 자를 위한 보살이 아니라 살아 있는 이들에게도 영험 있는 신앙의 대상이 됨을 알게 한다. 말하자면 죽은 자의 지옥이 아니라 생지옥에서도 지장보살은 그 기능을 멈추지 않는다는 것이다.

(1) 전쟁과 폭력, 자연재해 등의 지옥고로부터의 안전

전쟁이 일어나 죽음을 당할 위협에 처한 사람이라도 지극한 마음으로 지장보살을 부르면 그런 고난으로부터 벗어나 안전할 수 있다. 전쟁이 일어나는 시대는 탁한 시대이고 정상적이지 않은 시대로 오탁악시에 속하는데, 이런 시기일 수로 지장신앙이 강조되는 것이다. 죽어서의 지옥이 아니라 살아서의 지옥고를 벗어나려는 신앙이다.

38) 김태훈, 앞의 논문. p.604.

> "오탁악시의 부처님이 없는 세계에 성숙한 유정이 다시 당래에 수를 지나 혹 세계에서 칼든 병사가 일어나 해친다. 능히 지심으로 칭명할 수 있고 염송하고 귀의하고 지장보살마하살에게 공양하면 일체가 모두 구하는 바를 여법하게 얻어서 여러 근심과 고를 떠난다."[39]

전쟁뿐만이 아니라 인간을 공포로 몰아넣는 귀신이나 무서운 짐승의 공격 등의 공포로부터 지장신앙은 벗어나게 해준다. 여러 귀신들, 호랑이나 사자와 같은 야수 혹은 원수나 도적의 공격은 역시 일종의 지옥의 고통이라고 할 수 있을 것이다.

> "여러 야차와 나찰과 아귀, 여러 귀신들이 살아서.... 또 여러 호랑이와 사자 험악한 야수들과 도둑이 포진하여 여러 가지 공포와 두려움의 일들로 몸과 마음을 어지럽고 장황하여 신명이 두려움으로 상실될 위기에 있을 때, 죽음을 미워하고 삶을 원하며 고를 싫어하고 낙을 구하려면 지심으로 지장보살마하살을 부르고 염송하고 절하고 공양하면 일체를 얻는다."[40]

폭력으로의 공포도 지옥고의 하나가 될 것이다. 죄를 지어 감옥에 들어가서 고문을 받는 것 등 역시 지옥에 방불하는 인간 공포의 하나이므로, 이런 사적인 폭력은 물론 공적인 수감이나 고문으로부터 지장신앙은 안전을 도모시킨다는 메시지를 주고 있다.

---

39) 大正藏 13권,『大乘大集地藏十輪經』序品第一, p.724. "五濁惡時 無佛世界 成熟有情 復於當來 過於是數 或有世界 刀兵劫起害諸有 有能至心稱名 念誦歸敬 供養地藏菩薩摩訶薩者 一切皆得如法所求 離諸憂苦"

40) 大正藏 13권,『大乘大集地藏十輪經』序品第一. 725b. "厭禱諸惡 呪術怨賊軍陣 及餘種種 諸怖畏事之所纏繞身心慞惶 懼失身命 惡死貪生 厭苦求樂 有能至心稱名念誦歸敬 供養地藏菩薩摩訶薩者 一切皆得 離諸怖畏 保全身命."

> "채찍으로 고초를 겪고 피해를 당하면 지심으로 칭명하고 염송하고 지장보살마하살에게 귀의하여 공양하면 일체를 얻는다. 죄수를 벗어나고 채찍질 등의 가해를 벗어난다. 만약 신심이 피로하고 기력이 빠지면 지심으로 칭명할 수 있고 염송하고 지장보살마하살에게 귀의하여 공양하면 일체를 얻는다."[41]

또한 불이나 물 혹은 폭풍과 지진 등의 천재지변이나 자연재해로부터도 지장신앙은 안전하게 해준다는 확신을 가지게 했다.

> "불에 타는 바가 되고 물에 빠진 바가 되고 바람에 휩쓸리는 바가 되고 혹은 산의 바위에서 절벽에서 나무에서 추락하고 넘어진 바가 되어, 그 마음이 장황하면 지심으로 지장보살마하살을 부르고 염송하고 절하고 공양하면 일체를 얻는다. 여러 위난에서 벗어날 것이고 안온하여 손해가 없다."[42]

사실 이런 실례는 인간사회에서 발생할 수 있는 자연재해이다. 오늘날에도 이상기후 등의 자연재해는 쉬임 없이 인간사회를 위협하고 있는데, 거기서 발생하는 상황은 다름 아닌 지옥고일 것이며, 지장신앙은 그런 고통에서 구제를 해 줄 있음을 말하고 있다.

---

41) 大正藏 13권,『大乘大集地藏十輪經』序品 第一. 725b. "囚執鞭撻 拷楚 臨當被害 有能至心稱名 念誦歸敬 供養地藏菩薩摩訶薩者 一切皆得 免離囚執鞭撻加害... 身心疲倦 氣力羸惙 有能至心稱名 念誦歸敬 供養地藏菩薩摩訶薩者 一切皆得 身心暢適 氣力强盛."

42) 大正藏 13권,『大乘大集地藏十輪經』, 序品第一. p.725a. "爲火所焚 爲水所溺 爲風所飄. 或於山巖 崖岸 樹舍 顚墜墮落. 其心 惶惶 有能至心稱名 念誦歸敬 供養地藏菩薩摩訶薩者 一切皆得 離諸危難 安隱無損 ."

(2) 질병의 지옥고로부터의 치료

소극적으로는 전쟁이나 폭력, 혹은 감옥의 고통을 벗어나는 것이지만, 그 다음으로 인간에게 있어서 두려움의 대상은 질병일 것이다. 어떻게 하면 질병으로부터 벗어나 건강한 삶을 누릴 것인가는 예나 지금이나 중요한 인간의 관심사다.

> "마음에 고뇌가 있고 여러 병에 고뇌하면 지심으로 칭명하고 염송하고 지장보살마하살에게 귀의하여 공양하면 일체를 얻고 신심이 안락하고 중병이 제거되어 쾌유된다."[43]

질병뿐만 아니라 인간에게 공포를 주는 독사나 독충에게 물리거나 독약등에 중독되는 공포로부터 벗어날 수 있다는 것도 설명된다. 이런 지옥적 최악의 상황에 항상 지장보살은 도울 준비를 하고 있다.[44]

감기나 학질 열병 등으로부터도 지장신앙은 치료가 가능하다.

> "만약에 유정이 있어 악귀에 붙잡히고 여러 학질에 걸리고 혹 날마다 열이 나고 혹은 격일로 열이 나고 혹 삼사일에 한번씩 열이 나고 혹은 신심의 안락을 미치고 어지럽게 하면"[45]

---

43) 大正藏 13권, 『大乘大集地藏十輪經』, 序品第一. 725b. "心憂苦 衆病所惱 有能至心稱名 念誦歸敬 供養地藏菩薩摩訶薩者 一切皆得 身心安樂 衆病除愈."

44) 大正藏 13권, 『大乘大集地藏十輪經』, 序品第一. 725b. p.725a. "爲諸毒蛇毒蟲所螫 或被種種 毒藥所中 有能至心稱名 念誦歸敬 地藏薩摩訶薩者 一切皆得 離諸惱害"

45) 大正藏 13권, 『大乘大集地藏十輪經』, 序品第一. 725b. "惡鬼所持成諸瘧病 或日日發 或隔日發 或三四日而一發者 或令狂亂身心安適"

(3) 의식주의 풍족과 삶의 질 향상

지장신앙은 인간의 삶에 있어서 나쁜 상황을 벗어나게 하는데 그치지 않고 풍족한 삶을 보장한다. 전쟁과 질병, 굶주림과 목마름이라는 원초적 재난으로부터 벗어나 풍성한 음식을 구하여 얻을 수 있다는 것은 보다 적극적인 구복이라고 할 수 있다.

> "기갈로 핍박을 받는다면 지심으로 지장보살 마하살을 칭명하고 염송하고 귀의하여 공양하는 자는 일체 구하는 바의 음식을 충족하고 여법하고 구하는 바를 얻을 것이다."[46]

생활필수품 등으로 고난을 겪을 때 지장보살에게 귀의하여 기도하면, 그러한 물품들이 충족된다는 것을 설하고 있다.

> "여러 가지 의복과 장식 의약과 침대 또 여러 기구들이 부족할 때 지심으로 칭명할 수 있고 염송하고 귀의하고 지장보살마하살에게 공양하면 구하는 바를 여법하게 얻어서 구하는 바의 의복과 보배장식 의약 침대 여러 기구가 갖추어 충족되지 않음이 없다."[47]

어디 그뿐인가, 못생긴 용모를 변화시키고, 신분이 높은 여인의 몸을 가질 수 있는 것이다. 지장신앙은 단지 지옥고를 벗어나는 소극적인 구원만이 아니라 인간이 아름다운 얼굴 모습이나 풍요한 삶을 가져다준다는 것이다.

---

46) 大正藏 13권,『大乘大集地藏十輪經』序品 第一. 725b. "飢渴所逼 有能至心 稱名念誦歸敬 供養地藏菩薩摩訶薩者 一切皆得如法所求 飮食充足."

47) 大正藏 13,『大乘大集地藏十輪經』序品 第一. 725b. "乏少種種衣服寶飾 醫藥床數及諸資具 有能至心 有能至心稱名 念誦歸敬 供養地藏菩薩摩訶薩者 一切皆得如法 所求衣服寶飾 醫藥床數 及諸資具 無不備足."

"만약 여인이 있어서 못생긴 것을 싫어하고 병치레를 많이 하는 사람은 다만 지장보살 앞에 지심으로 절하면, 밥 먹는 사이에 이 사람은 천만 억겁 가운데 몸을 받은 바의 모습이 원만하니, 이 못난 여인이 만약 여자의 몸을 싫어하면 곧 백 천 만억의 삶 가운데 언제나 왕녀가 되고 왕비가 되고 큰 성을 보좌하는 대장자의 여인이 되며, 단정하고 모습이 원만한 삶을 받는다."[48]

그뿐만 아니라 미천한 계급의 사람의 삶은 행복하지 않기 때문에 지장신앙을 통해서 노비나 노예의 신분을 벗어나고 더 나아가 존귀한 가문에 태어난다는 것이 신앙을 통해 얻을 수 있는 복의 내용이다.

"만약 미래세에 여러 하천한 사람들이 있어 혹 노비나 내지 부자유한 사람이 숙업을 깨달아 알고 참회를 요하는 자는 지극한 마음으로 지장보살 형상에 절하고 17일 가운데 보살의 이름을 염송하고 만 번에 이르면 이 같은 사람은 이 과보가 다한 뒤에 천 만생 가운데 항상 존귀하게 태어난다. 다시는 삼악도에 떨어지지 않는다."[49]

여기에서는 약간의 조건이 있다. 단지 기도만으로는 되지 않고 업을 떨칠 수 있는 참회와 수행이 필요하다는 것이 부가되었다.

---

48) 大正藏 13,『地藏菩薩本願經』卷. 上. p.781. 第6. 如來讚嘆品 "若有女人 厭是醜陋多疾病者 但於地藏像前 志心瞻禮 食頃之間 是人千萬劫中 所受生身相貌圓滿是醜陋女人 如不厭女身 卽百千萬億生中 常爲王女 乃及王妃 宰輔大姓 大長者女 端正受生諸相圓滿."

49) 大正藏 13.『地藏菩薩本願經』卷.上. p.783b.第6. 如來讚嘆品."若未來世 有諸下賤等人 或奴或婢 乃至不自由之人 覺知宿業 要懺悔者 志心瞻禮 地藏菩薩形像 乃至十七日中 念菩薩名 可滿萬遍 如是等人 盡此報後 千萬生中 常生尊貴 更不經三惡道"

(4) 풍년

자연의 재해라고 하는 공포적 상황을 벗어나 풍년을 기약할 수 있는 것도 지장신앙으로 얻을 수 있는 공덕이다. 모든 식물과 과실 등이 풍성한 세상이 된다는 것이다. 사막화나 기상이변이 없이 풍성한 곡물 수확을 거둘 수 있다는 것은 농업사회에서 가장 안전을 보장할 수 있는 행복의 조건이라 할 것이다.

> "이른바 이름이 있으며 수화(水火)를 갖추고 길상(吉祥) 광명과 대기(大記) 명주(明呪)와 총지장구를 내가 과거에 가사등과 부처님 세존을 친히 한바 이 다라니를 수지하여 있고 능히 일체의 백법(白法)을 능히 증장하게 하고 일체의 종자를 증장하고 뿌리와 줄기와 가지와 잎과 꽃과 열매와 약곡을 심어 정기가 맛있어 비를 내려 윤택하게 함을 증장하고 지수화풍에 이익이 있음을 증장하고 희락(喜樂)을 증장하고 재보(財寶)를 증장하고 승력(勝力)을 증장하고 일체의 필요한 도구를 늘린다. 이 다라니는 능히 일체지혜의 예리한 이익으로 하여금 번뇌의 적을 부신다."[50].

농업을 주요산업으로 하던 농경사회에서 곡식이 자라지 않는 상황은 인간의 생존과 직결되는 일이었고, 흉년은 국가적 재난으로 이어졌을 것이다. 여러 종자들이 잘 자라고 그 결실을 제대로 얻는데도 지장신앙은 기여한다.

> "만약 여러 유정이 여러 종자로써 황무지 밭에 심고 혹 익은 밭 가운데

50) 大正藏 13,『大乘大集地藏十輪經』序品第一. p.726b. "所謂有名 具足水火 吉祥光明大記明呪 摠持章句 我於過去긍伽沙等 佛世尊所親 承受持此陀羅尼 能令增長一切白法 增長一切種子 根鬚芽莖 枝葉花果 藥穀精氣滋味 增長雨澤 增長有益地水火風 增長喜樂 增長財寶 增長勝力 增長一切受容資具 此陀羅尼 能令一切智慧猛利 破煩惱賊 卽說呪曰"

만약 힘써 일하고 혹 일하지 않아도 지심으로 지장보살마하살을 부르고 염송하고 절하고 공양하는 자는 이 선남자는 공덕이 아름답게 안정되어 위신력이 있는 고로 저 일체로 하여금 과실이 풍성하게 한다."[51]

3) 참회와 수행

지장신앙을 통해 얻을 수 있는 복은 그야말로 만병통치약처럼 인간의 공포와 지옥고로부터 구원의 메시지를 보내고 있다. 그러나 지장재나 49재와 같은 의례라 단지 공양을 올리고 기도하는데서 그치는 것은 아니다. 거기에는 불교의 계율을 지키고 파계행위에 대해 언제나 참회하고 마음을 닦는 수행이 필요하다. 그 수행 가운데 요점은 마음이 깨끗하고 안정되어야 하고 선행을 해야 하는 것이다. 이런 경지에 이르지 못하면 이익을 얻을 수 없다고 말한다.

"만일 잡되고 어지럽고 더러운 마음이면 비록 나의 이름을 부른다 하더라도 들었다고 하지 못할 것이요, 확실한 신해(信解)를 내지 못하고, 다만 세간의 선한 과보만을 얻게 되며, 광대하고 깊은 미묘한 이익을 얻지 못한다. 이와 같이 잡되고 어지럽고 더러운 마음은 그 닦아진 일체의 모든 선을 따라 모두 깊고 큰 이익을 얻을 수 없다."[52]

---

51) 大正藏 13,『大乘大集地藏十輪經』序品第一. p.726b."若諸有情 以諸種子 殖於荒田 或熟田中 若勤營務 或不營務 有能至心稱名 念誦歸敬 供養地藏菩薩摩訶薩者 此善男子 功德妙定 威神力故 令彼一切 果實豊? 所以者何 此善男子 曾過無量無數大劫 於過數量 佛世尊所發大精進堅固誓願 由此願力 爲欲成熟 諸有情故 常普任持 一切大地 常普任持一切種子 常普令彼一切有情 隨意受容 此善男子"

52) 大正藏 17권,『占察善惡業報經』卷上. p909. 若離亂垢心 雖復稱誦我之名字 而不名爲聞 以不能生決定信解 但獲世間善報 不得廣大深妙利益 如是雜亂垢心 隨其

해탈을 하지 못하고 고통을 당하는 것은 나쁜 습관에 물들어서 여러 세계를 떠돌아 다닌다. 그러니 이런 습을 벗어나는 수행이야 말로 해탈의 요체인 것이다. 오랜 업을 떨치고 없애지 않으면 육도윤회의 고통으로부터 결코 벗어날 수 없다.

> "이때 부처님에 지장보살에게 고하기를 일체중생이 해탈하지 못한 것은 성식(性識)이 정해진 것이 없어서이다. 악습으로 업을 맺어 선도 되고 악도 된다. 드디어 나서 다섯 세계를 떠돌아다니며 잠시도 쉬지 못하고 오랜 세월을 동요하고 미혹하여 장애가 있는 것이 마치 고기가 그물 속에 노니는 것 같다."[53]

그리고 지장신앙은 대승보살 정신의 발로이기 때문에 대승보살의 정신인 중생을 구하고 안으로는 지혜의 보리를 구하는 일에 소홀할 수 없다. 생사와 고통을 받는 것은 마음의 분별심과 같은 것이고 상에 집착하기 때문이다. 그의 마음이 텅 비었다면 지옥의 고통은 없는 것이다. 이 마음을 수행하지 않으면 진정 복을 받을 수 없는 것이다.

> "여러 법에 분별하고 취착하고 전도망상으로 생사를 받는다. 이러한 고로 여래는 저 분별집착상을 떠나게 하기 위한 까닭이다. 일체세간법이 필경 공하고 소유가 없음을 설하니 이 같은 십팔공을 설한다면 이같이 일체제법이 모두 보리의 체를 떠나지 않음을 나타낸다."[54]

所修一切諸善 皆不能得深大利益."

53) 大正藏 13,『地藏菩薩本願經』권. 상. 제4 閻浮衆生業感品. p780a. 爾時佛告地藏菩薩 一切衆生 未解脫者 性識無定 惡習結業 善習結果 爲善爲惡 逐境而生 轉輪五道 暫無休息動經塵劫 迷惑障難 如魚遊網 將是長流 脫入暫出 又復遭網 以是等輩 吾當憂念 汝旣畢是往願 累劫重誓廣度罪輩 吾復何慮 說是語時 會中有一 菩薩摩訶薩 名定自在王白佛言 世尊 地藏菩薩

54) 大正藏 17권,『占察善惡業報經』卷上. p.902a. p.910.a 分別取著諸法. 以顚倒妄想

지옥의 고통이란 번뇌의 마음에서 나오는 것이다. 마음의 작용인 것이다. 자성이 청정하면 지옥고는 없다. 욕심을 내고 집착하기 때문에 진정 이 무명을 벗어나지 않으면 지옥의 고통도 피할 수 없으려니와 진정 삶의 행복을 얻을 수도 없는 것이다.

> "또 번뇌생사가 필경 체가 없으니 구하되 얻을 수 없으니 본래 나오지 않으며 진실로 다시 멸함도 없다. 자성이 적정하여 곧 열반이다. 이같이 말한 바를 능히 일체 여러 견해를 파괴하고 스스로의 心身의 집착상을 덜어내는 고로 나약함을 떠난다. 다시 중생이 있어 여래를 이해하지 못하고 취지를 말하는 까닭에 겁약을 낸다. ....법신을 깨닫고 항상 청량하고 변하지 않으면 무량공덕을 얻는다. 무명이 때문에 어둡고 더러운 곳에 가린 채 오랜 밤에 항상 생노병사를 받고 무량의 여러 고통을 받는다."[55]

결국 지장신앙에서 강조하는 것은 우선은 죽음의 공포 특히 지옥고의 고통을 벗어나도록 기도하는 소극적인 신앙이지만, 지장경에서는 지장보살에게 귀의하고 염송하는 것은 현세의 지옥고를 해결한다.

그러나 가장 궁극적 지옥고의 해결은 계를 지키고 참회하고 탐욕을 떠난 청정한 마음을 닦음으로서 비로소 해결되는 것이다. 이것이 지장재일이나 49재의 재는 이런 경건함과 청정한 자세를 요구한다. 이는 지계와 참회, 탐진치 삼독심을 제거하지 수행이 따라야 지옥고를 벗어나 행복을 누릴 수 있다는 것이다.

故而受生死. 是故如來 爲欲令彼 離於分別執著想故. 說一切世間法 畢竟體空無所有. 若廣說者 如十八空. 如是顯示一切諸法 皆不離菩提體.

55) 大正藏 17권,『占察善惡業報經』卷上. p909b. "又煩惱生死 畢竟無體 求不可得. 本來不生 實更無滅. 自性寂靜 卽是涅槃. 如此所說 能破一切諸見. 損自身心 執著想故 得離怯弱. 復有衆生 不解如來 言說旨意 故而生怯弱. 當知如來 言說旨意者. 所謂如來見彼一實境界故. 究竟得離生老病死 衆惡之法. 證彼法身 常恒淸凉 不變異等 無量功德聚. ....而爲無明 闇染之所覆障. 長夜恒受 生老病死 無量衆苦."

4. 결론

지장신앙은 불교의 민간신앙 가운데 가장 잘 수용되어 온 것인데, 주로 명부신앙과 더불어 49재나 생전예수재가 널리 행해지고 있고, 지장재일도 중요한 불교의례로 수행되고 있다.

지장신앙의 연원은 인도이고, 지모신(地母神)에서 유래했으나, 인도에서 보다는 중국에서 도교의 시왕신앙과 습합하여 대중화되었다. 인도의 염마천에서 유래된 염라대왕은 시왕가운데 다섯 번째 왕으로 발설지옥을 관리한다.

한국에서는 대체적으로 중국의 지장신앙을 수용했기 때문에 명부시왕신앙도 성행했지만, 이는 조선시대에 성행한 것이고 통일신라시대에는 참회신앙이 강조되었고, 고려시대에는 순수한 지장신앙이 행해지다고 조선시대에 시왕신앙과 결합되었다.

이러한 지장신앙과 신앙의례 속에는 다분히 구복적인 요소가 많지만 단순히 양재초복의 구복에 머물지 않고 참회와 수행을 강조하고 있음을 알 수 있다. 특히 십선업(十善業)이 강조되는 것으로 보아 지계(持戒)와 참회의 불교신앙으로 이끌고 있음을 알 수 있다.

지장신앙의 단계는 3단계로 편의적으로 나눌 수 있는데, 원초적인 지장신앙은 사후(死後)의 지옥의 고난을 벗어나려는 것이다. 지옥고를 벗어나기 위한 의례가 49재와 생전예수재이다. 여기서는 명백히 지장보살의 서원과 시왕의 능력에 호소하고 있음을 알 수 있다.

지장신앙의 두 번째 단계는 현세에서의 양재초복이다. 사람들의 공포의 대상인 전쟁과 자연재해, 질병, 테러 등으로부터 벗어남과 동시에 풍년과 신분상승 건강 등의 행복을 지장신앙으로부터 얻고자 했다.

마지막으로 지장신앙의 단계는 참회와 수행을 통해 해탈하는 것이다. 空의 의미를 깨닫고 십선업을 닦음으로 인해 깨달음에 이르는 것이 구극의 지장신앙의 목표이다. 그러므로 지장신앙은 단순한 구복의 차원이 아니라 '상구보리 하화중생'의 보살도를 잘 표현한 불교신앙이라고 말 할 수 있다.

이희재

동국대학교(문학사)
고려대학교(교육학 석사)
원광대학교 대학원(철학박사)에서 중국철학 수학
한국공자학회 회장 역임
중국 후단(復旦)대학교 교환교수 역임
현) 광주대학교 외국어학부 교수

저서
한국의 예와 윤리, 동아시아 문화론, 동양사상의 이해
박세당-탈주자학적 실학의 선구
A Precious Mirror of Bright Mind 외 다수

조선의 고승열전(新)

초판 1쇄 발행 _ 2017년 1월 25일

편 주 자 · 이 희 재
발 행 인 · 정 현 걸
발　　행 · 신 아 사
인　　쇄 · 토탈프로세스
출판등록 · 1956년 1월 5일 (제9-52호)
주　　소 · 서울시 은평구 통일로 59길 4 (2F)
전　　화 · 02)382-6411 · 팩스 02)382-6401
홈페이지 · www.shinasa.co.kr
E-MAIL · shinasa@daum.net

ISBN 978-89-8396-967-5 (93820)

정가 12,000 원